귀지 파는 법

현대수필가100인선 II · 37

귀지 파는 법

권현옥 수필선

수필과비평사·좋은수필사

■책머리에

  수필은 누구나 부담 없이 읽고, 마음만 먹으면 직접 쓸 수도 있는 가장 친근한 문학이다. 다른 영역의 문학이 영상매체에 밀려 신음하고 있는 중에도 수필 인구만은 날로 증가하여 바야흐로 수필 전성시대를 구가하고 있는 이유도 거기에 있을 것이다.

  시대적 추세에 힘입어 수많은 수필전문지, 수필동인지가 창간되고, 이에 비례하여 신진 수필가도 날로 늘어나다 보니 이제는 그 많은 작가, 그 많은 작품 중에서 문학성 높은 작품을 가려 읽는 일이 쉽지 않게 되었다. 이런 현상은 작가에게나 독자에게나 결코 바람직한 일이 아니다. 더 나아가서는 수필을 연구하는 후세들에게도 큰 부담이 될 것이다.

  이런 문제를 해결하는 데는 출판인도 마땅히 한몫을 감당해야 한다는 평소의 소신에 따라, 본사가 기꺼이 그 역할을 맡기로 했다. 그 첫 번째 사업으로 시대를 대표할 만한 수필가 100인을 선정하고, 작가가 자선한 40편 내외의 작품을 수록한 문고본을 발간하여 이를 널리 보급함으로써 그 소임을 다하고자 한다.

  본사는 사명감을 가지고 이 사업을 추진해 나가기로 했다. 작가 선정을 전담할 편집위원회를 구성하고 전권을 위임하여 일체의 사적인 정실이나 청탁을 배제함으로써 전문성과 공정성을 확보해 나갈 것이다.

  따라서 이 기획물 속에는 작가의 문학정신뿐만 아니라, 본사의 문학사적 기여 의지와 편집위원 제위의 수필문학에 대한 애정과 문인으로서의 양심이 함께 담겨 있음을 자부한다. 다만, 작가를 선정하는 기준에는 많은 견해의 차이가 있을 수 있고, 선정 과정에서도 미처 챙기지 못한 부분이 있을 것이라는 사실만은 인정하지 않을 수 없다. 이 점에 대해서는 관계자 여러분의 양해 있으시기 바란다.

이 시리즈의 발간 순서는 작가, 또는 본사의 사정에 의한 것일 뿐 그 밖의 어떤 기준도 적용하지 않았음을 밝힌다.

본 기획물이 시대를 초월한 많은 수필 애호가들의 관심과 애정 속에 우리나라 수필문학 발전에 한 이정표가 되기를 바랄 뿐이다.

본사에서는 이상과 같은 취지로 ≪현대수필가 100인선≫ 전 100권을 완간하여 큰 반향을 불러일으킨 바 있다.

그러나 우리 수필문단의 규모나 수필문학의 수준에 비추어 선정 작가를 100인으로 한정하는 것은 형평성이나 효율성 면에서 크게 부족하다는 의견이 많았고, 본사 또한 이를 통감하던 터라 기꺼이 ≪현대수필가 100인선Ⅱ≫를 발간하기로 했다.

본사의 충정에 찬동하여 출판에 응해주신 저자 여러분에게 진심으로 감사한다.

2017년 월   일

수필과비평사 · 좋은수필사 발행인 서 정 환
현대수필가 100인선 간행 편집위원 박 재 식 최 병 호
정 진 권 강 호 형
오 세 윤

| 차례 |

1_부 산 사람의 밥

말린 것에 대한 찬사 • 12
상실 수업 • 16
장 여사님 파이팅 • 21
산 사람의 밥 • 26
강 건너 주시오 • 31
당신이 기억한 대로 • 35
비행기 안에서 본 것 • 39
이까짓 돈 • 43
속살을 보다 • 47
껍질 • 51
지팡이로 본다 • 55
내 방안의 독신-치타델레 • 59
너머 • 64

2_부 속아도 꿈결

까불어라 까불어라 • 70
나는 손톱입니다 • 73
속아도 꿈결 • 77
생각하면 마렵다 • 81
즐거운 미스터리 • 85
속은 얼고 땀은 나고 • 89
맏이 • 93
먹여주는 여자 • 98
노래로 놀자 • 101
예쁜 것이 착한 것? • 105

3_부 넙치와 함께 지하철을

넙치와 함께 지하철을 • 110
사람은 이齒로 웃는다 • 116
시트콤 아파트 • 120
실패를 위한 수술 • 126
저 하늘의 두루마리 • 132
인터뷰 • 137
연암골 가는 길 • 142
감호소에 살다 • 147
가라 미진한 사랑이여 • 153

4_부 귀지 파는 법

귀지 파는 법 • 158
수필을 써 • 161
뚜껑 • 163
커졌다 작아지다 • 165
그랬을 터인데 • 166
살아나는 것 • 168
당연한 등을 보며 • 169
기다리면 끓었다 • 171
알지만, 모르는 이름 • 173

■ 작가연보 • 175

 부

말린 것에 대한 찬사
상실수업
장 여사님 파이팅
산 사람의 밥
강 건너 주시오
당신이 기억한 대로
비행기 안에서 본 것
이까짓 돈
껍질
지팡이로 본다
내 방안의 독신-치타델레
너머

말린 것에 대한 찬사

 말린 것에 대한 찬사가 인다.
 수분과 향 다 빼고 주검처럼 있다가 다시 물속에서 전설처럼 살아나는 몸, 뒤척이는 다시마를 보며 생각한다.
 살아나는 것은 말라있던 것인가. 말린 씨앗과 말린 해초와 말린 나물, 말린 생선과 말린 …. 그리고 말린 생각들.
 우리는 젖은 것으로 경험하고 말린 것으로 추억하고 촉촉하게 다시 살아난 것으로 성숙한 시작을 꿈꾸는 게 분명하다.

 냄비에 다시마 대여섯 개를 넣었다.
 물이 끓기 시작하자 다시마는 몸뚱이를 크게 뒤척였다. 말라서 가벼워질 대로 가벼워진 다시마는 찬 통 속에서 몸끼리 부딪힐까 빳빳이 찌르며 밀어내더니 냄비 안에서는 끓어대는

물 등을 타느라 난리다. 중심을 잃고 몰입한 춤사위, 한바탕 몸을 풀더니 녹작지근해졌나보다. 부드러워지고 있다. 갈증을 다 해소한 다시마는 마침내 정신을 차렸는지 무게 있는 유영을 한다. 굳은 몸 펴고 힘을 뺀 여유를 보인다.

 충분히 황홀했나 보다.

 원래 모습을 찾자 파도와 함께 살았던 부드럽고 강한 힘을 자랑하고 있었다. 조각마다 숨겨두었던 바다를 불러왔다.

 나는 그것을 바다냄새라며 킁킁댄다. 향은 미미하여 시각으로 왔을 뿐인데 살아나는 바다로 다가가고 있다. 미안쩍은 마음이 든다. 다시마는 바다를 잃고 말라 있다가 끓는 물속에서 몸부림치며 제 향을 찾은 것인데 나는 그저 바라보며 나의 바다를 부르고 있다.

 아닐 수도 있지만, 상상이 일정을 계획한다. 떠나기 전, 숙소 정하기가 힘들었다. 호텔방에서의 바다는 하이그로시벽처럼 멀고 시릴 것 같았고 모텔에서 보는 바다는 친숙하지도 낯설지도 않은 어색한 관계일 것 같아서 민박집으로 정했다. 바닷가에 줄지은 민박을 정하는 일은 어려웠다. 집들의 등을 보고 차를 세워야 하는, 감感과 우연의 행운에 맡겨야했다. 바다와 지극히 가까운 거리, 허술한 민박집 앞에서 내리자 집주인이 득달같이 나타났다. 값을 치르고 났으니 어쩔 수 없는 일, 귀를 때리는 파도소리에 잠시 발길을 멈춘 동안 일어난 일이었다. 차라리 후련했다.

몇 발자국 떼면 바닷가다. 어둑해진 저녁 무렵이라 철썩거리는 소리가 매섭게 들렸고 바닷물은 검었다. 바짝 가보니 다시마 동산이었다. 끊임없이 치대는 물살에 못 이겨 뿌리가 뽑힌 다시마가 척척 동료들 등에 올라타 있는 모습이 스산했고 바다 속에도 검고 긴 허리로 휘청거리고 있었다. 음습함이 출렁거리는 바다였다.

'자리 잘못 잡은 건가, 시커먼 다시마만 잔뜩 있고….'

밤새 다시마 바다는 무겁게 철썩거렸다. 잠들기에도 소란스러웠고 귀 기울이기에도 규칙적이어서 몽롱했다. 잠 못 들고 그렇게 쓸렸다 몰렸다 한 밤이었다.

아침햇살이 무거운 잠을 깨웠을 때 옆집에도 사람이 있다는 걸 알았다. 바닷가에 다시마를 한 가득 펼쳐놓고 말리고 있었고 한쪽에서는 말린 다시마에서 모래를 털어내고 가위로 뚝뚝 잘라 부대에 담고 있었다. 부부로 보이는 그들은 매년 이렇게 한 달 간 민박을 하며 다시마를 마련해간다고 했다. 친지와 주변 사람과 나누어 먹는다고. 나는 그들이 이 다시마로 좋은 수입을 올렸으면 좋겠다고 생각하며 잠시 만지작거렸다. 바짝 마른 다시마에서 모래를 훑으니 모래는 미련도 없이 떨어져 나갔고 정사각형으로 잘린 다시마는 바다를 떠나려는 각오처럼 **빳빳**이 몸을 축소시키고 있었다.

잠깐의 관심으로 인사를 나누고 난 뒤 항구에 가서 들어오는 배들과 생선을 구경하고 돌아 와 보니 두 부부는 그대로 앉아 작업을 하고 있었다. 그들을 지나 바닷가로 가보니 파도에 견디지 못해 떨어진 다시마가 봉분처럼 올라와 있다.

그 중 세 줄기를 주웠다. 필요 이상으로 의미를 두거나 집착하는 것을 싫어하는 터라 나 자신도 '내가 정말 이걸 가져갈까?' 하는 의구심이 들었다.

두 부부가 '다시마 말린 것좀 가져가라'는 것을 극구 사양하고 내가 주운 축축한 세 줄기를 차에 널었다. 비릿한 냄새가 진동을 했다. 차가 달리기 시작했을 때 햇살이 비릿한 냄새를 훔치면, 바람도 그것을 열심히 가져갔다. 다시마는 제 몸의 물기와 바다냄새를 날리며 내쉬는 숨 냄새가 대단했다. 대관령 고개를 넘어오면서는 아예 고함을 지르는 듯했다.

말라서 살고자하는 그 냄새의 힘이 집까지 밀어주었는지 수월하게 달려왔다.

집에 오자마자 비릿한 다시마의 긴 허리를 빨랫줄에 척 걸쳐 놓았다. 나답지 않은 행동이 썩 괜찮아 나는 뒷발자국에 미소를 실었다. 다시마는 순하게 마르면서 딱딱해졌다. 긴 집게 모양을 하고 미동도 않는 다시마를 걷었다. 가위로 손가락 마디만큼씩 똑똑 잘라 찬 통에 넣었다. 다시마는 가볍지만 날카로움을 보였다. 서로 부딪치는 몸 사이로 공간을 마련해두고 있었다.

다시 추억하고 다시 살아날 것을 위해.

상실 수업

"잘 있어?"

"응."

잘 있냐는 말은 잘 있지 않을 거란 추측과 많이 달라도 한통속에 속하는 고통이었다. 어쩔 수 없는 질문이었고, '응'이란 말도 대답이 아니었다. 선택할 단어가 없었을 뿐이었다. 신음 대신 간신히 뱉은 말이었다.

이쪽에서는 혼자 있을 저쪽이 걱정돼 전화를 한 것이었고, 저쪽에서는 혼자 있는 외로움을 전화벨에 들킨 것 같아 부끄러움이 가슴을 뜯고 있을 때여서 말 같잖은 단어 몇 개가 전화기 속에서 만나려고 더듬거렸을 뿐이다. 어쩌면 비껴가려고 했을지도 모른다. 더 이상 무슨 말이 선을 뚫고 나갈 수 있을까. 말이란 것을 밀어낼 힘이 없었다.

이쪽은 남편과 밥을 먹고, TV를 보다가 함께 웃고, 티격태격하다 잠시 외로워지면 문득 그녀가 생각났다. 그럴 때면 사치스러운 웃음 끝이나 투정 끝을 잘라내고 전화기를 들었다 놓았다 하기를 반복했다. 저쪽은 전화벨이 싫었다. 할 말은 많았을 테지만 쏟아낼 말들이 무질서하고 탁해서 누구와도 말 섞기가 싫었다. 살아있다고 알리기 위해, 빨리 전화를 끊기 위해 '응'만 했다. '응'은 긍정이 아니고 부정이었다.

컴컴한 집에 들어가 불을 켜면 침묵이 처참했다. TV를 켜면 세상 밖의 시끄러움이 오히려 자신을 외톨이라고 알려주는 것 같아 밤거리를 헤매고 있다는 말을 어찌 하겠는가. 혼자 있는 게 무서워 찜질방에 누워 벽을 보고 울다 잠이 든다고 어찌 말하겠는가. 사회친구와 직장 동료는 그렇다 치고 부모님과 자식에게까지 부끄러워지는 자괴감에 다리를 베란다 밖으로 걸쳐봤다는 말을 어찌 하겠는가. 냉장고가 비어가듯 가슴이 텅 비어가는 허전함에 무릎으로 설 수가 없어 주저앉아 있다고 어찌 매일 말하겠는가. 위로나 염려의 말들을 고마워해야 하는데 '너에게 그런 불행이 기다리고 있었구나' 하는 조롱의 말처럼 들렸다는 속 좁은 심사를 어찌 말하겠는가. 가끔 웃을 일이 있어 웃으면 '남편을 잃고도 저리 웃을 수 있구나' 하는 시선이 느껴지기도 하는 굴욕을 어찌 말하겠는가. 우울한 얼굴을 한 불편한 사람, 취급주의 인간인 듯한 껄끄러운 촉감이 느껴지면 울컥 슬퍼지는 열등감을 어찌 말하겠는가. 아무도 없는 세상에 혼자 있고 싶은데 직장은 여전하고 집안행사나 명절도 여전하고 때마다 느껴지는 관심도 불편하고 무관심도 섭섭하다고 어찌 말하겠는가. 누구나 자기 맘도 다스리기 힘든데 '나 좀 이해해 달라'고 어찌 말하겠는가. 한없이 나는 초라한데 다른 사람들의 행복과 투정이 모두 잘난 척으로 보인다고 누구에게 말하겠는가. 그렇게 상실의 끈으로 친친 몸을 묶고 숨 막혀 죽어가고 있다고 어찌 말하겠는가.

"잘 있지?"

"응, 그래, 자전거 타다 쉬고 있어. 그래 잘 있지 너도?"

"자전거 좋더라. 나도 한강에 자주 나갔었는데."

"자전거는 누구랑 말 안 해도 되고 청승맞아 보이지 않아서 타기 시작했어. 걷는 것도 매일 혼자 하니 처량해질 때가 있어. 자전거는 그럴 시간 없이 달려서 좋아."

그녀에겐 속도가 필요했다. 여울목처럼 재빠르게 흘러가고, 떠내려가고 부딪치는, 속도가 필요했다. 한발 한발 다 짚으며 걷기에는 고통이 적나라했다. 함부로 돌아보지 못하게 하는 속도가 있고, 여러 번 눈길 마주치며 많은 곳을 바라볼 수 있고, 멀리 간 후 떠나온 곳이 그리워지는 것은 자전거로 가는 길이었다. 끊임없이 발을 움직이고 속도를 내는 길, 그래서 돌아오면 바퀴를 돌린 맘을 잊을 수 있었다.

그녀가 상실 3년 만에 나와 여행을 했다. 혼자 버텨내야 했던 그녀와 어쩔 수 없이 잘 슬퍼하도록 바랄 뿐이었던 내가 함께 떠난 1박 2일. 호수를 바라보는 산 밑의 조용한 펜션에 도착하자 비가 주룩주룩 오기 시작했다.

"으이구, 남편도 비 좋아했는데… 좋다."

그녀는 쏜살같이 정자로 뛰어가 앉았다. 마루 끝에서는 빗방울이 톡톡 튕겼다.

"날궂이 잘한다. 그래도 오늘, 혼자가 아니라 좋다. 혼자 다니는 거 이력이 났는데… 진력도 났고…"

가져간 고기를 구웠다. 고기 익는 냄새가 빗줄기에 젖어 가라앉았다. 혼자서 할 수 없었던 이 간단한 행위, 이런 것들이 한두 가지였던가.

"회식이야 있지만 이렇게 나와서는 혼자 하기가 어려운 것들이 있어, 니가 있어 좋다."

그녀는 고기 한 점을 입에 넣었다.

"착하긴 무지 착했지. 나를 많이도 좋아했고. 내가 '왜 그렇게 갑자기 먼저 떠났냐'고 차마 묻지 못한 것처럼 그 사람도 왜 먼저 갔다고 말 못하는 것 같더라, 잘 있을 거야."

그녀가 이제야 '말'을 하고 있었다. 정자는 들이친 빗물로 시끄러웠지만 가운데는 조용했다. 과거가 가운데로 오순도순 모여 포옹을 나누는 듯했다.

견뎌온 시간을 말하는 그녀는 이제 상실의 끝자락에서 힘을 빼고 있었다. 상실만 붙잡느라 날마다 날마다 낡아갔던 스스로의 맘을 추스리고 있었다. 벼락처럼 온 이별의 놀람과 슬픔이 고통으로만 있다가 이제 말로써 나오기 시작했고 상실의 늪인 과거에서 나와 미래로 갈 차비를 하고 있었다.

"그렇게 힘들었으면서…" 작게 말하며 나는 빗발친 빗물을 닦았다.

말해진 것들도 다 오지 않는 게 타인의 고통인데 말해지지 않은 고통을 어찌 다 헤아릴 수 있겠는가. 조금은 알 것 같다 해도 위로할 말이 궁해 "잘 있지?"라고만 했던 세월, 견뎌온 시간이 온전히 그녀의 시간이었으므로 지금도 할 말이 없음은 마찬가지나 "견뎌줘서 고마워"라며 고기를 뒤집었다.

상실 수업은 혼자 견뎌내야 하는 긴 자습시간이었다.

장 여사님 파이팅

장 여사님은 아침에도 바쁘다.

그제도 어제도 바빴다. 그리고 내일도 바쁘길 바라며, 오늘 아침 바쁘다. 서방님이 스스로 바쁘지 않게 살고부터 장 여사는 바쁜 일이 생기기 시작했다.

정성껏 아침밥 차려놓고 둘이 앉아 쓱쓱 입맛 좋게 먹고 난 뒤 빠른 손놀림으로 설거지를 해치우고 운동복으로 갈아입는다. '다녀올게요'라는 말을 등 뒤로 밀고, 되돌아오는 잔소리가 다시 등을 찌르든 말든 오래된 철 대문을 열고 큰길가 오거리로 냅다 걸어간다. 발걸음은 급하지만 배짱이 조금 붙은 걸음이다. 시댁에서 일하다 와도 늦었다고 욕을 먹고 외출로 조금만 늦어도 지청구를 먹으면서 살았던 지난 세월이었다. 이제는 두려운 걸음이 아니다. 처음 시작한 몇 년은 욕을 먹긴 했다. 장 여사가 동네 배드민턴 팀에 합류하고부터 10년이 넘도록 다니고 있으니 세상도 바뀌고 서방님도 세상 끝자락 억지로 잡고 수긋해진 감이 없지 않았다. 사람과 매끄럽지 못한 서방님과는 반대로 장 여사는 인정 많고 매너 좋고 솜씨 있어 밖에만 나가면 칭찬을 받았다.

오거리에 잠시 서 있자니 시간도 정확하게 차가 섰고 "아이구 형님 어서 타시요"라는 아우들의 인사와 함께 인근 산 숲으로 향한다. 코트에 도착하면 그 어떤 세월도 어떤 기억도 어떤 관계도 없이 파트너와 마주보고, 코트에 우뚝 혼자 서는 것이다. 셔틀콕을 보고 상대를 보고, 하늘을 향해 땅을 향해 고개를 움직이고, 셔틀콕을 향해 허공을 향해 팔을 휘두를 때 가슴도 실컷 돌아다녔던 것이다. 가슴을 펼 때 어느 하나 서방님에게 얽매인 게 없어졌다. 휘두르고 휘두른다. 허공을 가르고 날아오는 작은 한 점을 잡아 방향을 되돌려 놓고, 다시 날아오면 다시 멀리 보내고, 그리고 얼굴이 환해져 들어왔다.

서울도 가고 부산도 가고 연령대별 배드민턴 선수 생활을 하며 날로날로 건강해졌다. 셔틀콕이 깃을 달고 날아가듯 살아온 무게가 깃을 단 듯 달아났고 기억나는 세월들은 견딜 만했다. 지난날 한 달 넘게 중환자실에서 의식불명상태로 누워 있던 의료사고 후유증도 다 물리쳤고 IMF 때 파산을 맞은 아들이 준 마음의 피멍과 몇 년 전 막내딸을 가슴에 묻은 슬픔도 떼를 입혀가며 다독였다.

그래, 세상은 이렇게 뭔가를 주고받고, 치고받고, 넘기고 받고, 때리고 받고, 놓치고 줍고, 또 줍고, 잰 걸음으로 뛰고, 그리고 땀 흘리고 난 뒤 악수하는 것인데 죽자 살자 지청구만 듣고 산 세월, 기가 센 서방 만난 죄로 집안 조용하자고, 애들 이불 속에서 속상한 울음 흘리지 말라고, 참기만 하다 타내려간 가슴이었다. 70이 넘어서야 운동을 하며 답답한 가슴을 연 것이다.

라켓을 실컷 휘두르고 나면 땀이 한 말이고 웃음이 두 말이고 상쾌함이 서 말이다. 서방이 저세상으로 떠났거나 집에 있거나 간에 자유로운 형님 아우들은 칼국수를 사먹으러 가거나 가져온 된장과 상추에 이승의 즐거움을 싸먹으며 땀을 식히지만 장 여사는 또 바쁘다.

장 여사님은 점심때도 바쁘다. 총총 산을 내려와 택시를 타고 대문을 열고 부엌으로 달려간다. 창고 위 흙을 퍼 올려 가꾼 텃밭에서 상추를 뜯어오고 밑반찬을 내고 비린 거 없으면 밥상이 아닌 줄 아는 서방님 비위를 맞추기 위해 해동된 생선을 굽고 예닐곱 가지의 반찬을 주르륵 늘어놓는다. 입맛이 없다면서 잘 먹는 서방님 얼굴을 보면 웃음이 나올 때도 있다. 가끔은 '성질 사나운 서방이라도 있어주니 든든한 건가?' 하며….

60년이 넘도록 차려온 밥상, 언제나 정성스러웠다. "저리 고약한 서방님 식사를 푸짐하게도 바치네" 하곤 딸들은 눈을 흘겼지만 장 여사에 대한 존경이 깊어갔다. 음식 만드는 걸 좋아했고 솜씨가 좋기에 다행이었다. 젊어서 그리 건강한 편이 아니었는데 어디서 늘그막에 저리 활력이 솟아나는지 부엌일도 뚝딱 해놓고는 나갈 채비를 한다.

　장 여사님은 오후에도 바쁘다.

　"ㅇㅇ엄마, 뭐혀, 빨리 오잖고."

　핸드폰 밖으로 흘러나온 소리는 노인 문화센터에서 기다리는 탁구팀이다. 서방님이 수십 개의 케이블 TV 채널을 외우고 있을 때 장 여사는 스마트폰 사용법을 외워 바쁜 일정을 소화하고 있다. "여자도 남자와 똑같이, 꼭 배워야한다"며 한 맺힌 교훈으로 딸년들 키워놓았던 장 여사인지라 복지센터에서 하는 노래교실이나 강연도 들으며 젊은 할머니로 살고 있다. 오른 팔과 고개와 몸통을 한 방향으로 같이 돌리며 치는 게 탁구인데 "노인들의 폼은 기막히게 창조적이다"라며 장 여사는 웃는다. 그래도 당신은 가르쳐 준 대로 배워 예쁘단다. 이기려고 삐딱하게 공을 날리지 않고 상대방이 잘 받게 공을 친단다. 믿을 만한 말이다.

　장 여사님은 저녁에도 바쁘다. 저녁을 준비하며 몸에 좋다는 약초를 달여 놓고 텃밭에서 연하디 연한 열무를 뜯어 물김치를 담그고 작은 깻잎 하나하나를 양념장에 적셔놓고 김치냉장고에 넣으니 흐뭇하다. 할 일을 다 했으니 씻고 누우면 잠이 안 와 죽겠다는 서방님을 옆에 두고 코를 골고 깊은 잠을 잔다. 술 먹은 서방님을 기다리며 가슴 조이고 잠 못 자고 가슴 치며 참아냈던 수십 년의 울혈이 스르르 녹아내리는 잠이다. 스르르 스르르.

 장 여사님은 내일도 바쁘니까 바쁘게 잠이 들었다.

 장 여사님 파이팅!

산 사람의 밥

'누구야 빨리 받지 않고······'

속으로 핀잔이 올라오려는데 구석에 놓은 내 가방이 생각났다. '혹시 동생 핸드폰 소린가' 하면서 가방을 가만히 들어보니, 맞다.

"○○○핸드폰입니다. 저는 언니 되는 사람인데요, 실례지만 어떻게 되시죠······. 예, 그러시군요, 실은······ ○○이가 오늘 새벽 세상을 떠났거든요······ 심근경색으로요······"

병원 관계자는 치료비와 입원비 정산을 요구했고 장례 관계자는 가족을 쫓아 다니며 일사천리로 무언가를 선택하게 했다.

조문객들이 오기 시작했고 식당에서는 밥이 차려졌다. 육개장과 무홍어무침, 전과 떡, 그리고 음료수와 술, 과일. 어딜 가도 똑같은 음식이 차려졌고 가족들은 충격과 슬픔을 생으로 둔 채 문상객을 맞아야 했다.

밥으로 대접하지 않는다면 조문객들은 고인을 위해, 고인과 관계된 가족과의 인연을 위해, 얼마의 위로의 시간과 대화의 시간을 필요로 하겠는가. 어쩌면 얼마를 넣어야 할까를 고민하고 흰 봉투를 들고 서 있는 시간보다도 더 빨리 스쳐지나갈 타인의 죽음일지도 모른다.

그래서 상이 차려지고 육개장에 밥을 말고, 먹는 둥 마는 둥 하지만 먹어주면서 시간을 보내는 것일 게다. 그러면서 사망의 경위를 묻고 병에 대한 경험과 지식과 위로를 보태어, 이 슬픔도 그 많은 일화 중의 하나라고 넌지시 죽음의 무게를 덜어내고 있는 것이다.

나는 어릴 적 상갓집에서 사람들이 밥을 먹고 떠들고 술을 먹고 슬픔을 잊고 있는 모습이 의아했다. 그러나 조문객으로 드나들면서 '충분히 가능한 일이구나' 하고 쉽게 이해하게 됐다. 그러나 오늘 나는 조문객이 아니다.

오래전 어느 원로 소설가가 자식을 잃고 며칠 후에 밥을 먹다가 '어찌 자식을 잃은 에미가 배가 고프다고 뱃속에 밥을 넣었단 말인가' 하고 목구멍에 손가락을 집어넣어 토해냈다는 글이 생각났다.

어찌 동생을 잃은 자리에서 밥을 먹을 수 있단 말인가.

나는 어제 저녁 동생이 중환자실에서 안정을 찾고 있다는 말에 금방 병원 밖으로 나가 동태찌개를 사 먹고 오지 않았던

가. 점심 한끼 굶고 급하게 지방으로 내려간 내 배가 그리도 중해서 말이다. 동생은 "있다 먹을게 옆에 놔둬" 하고는 그걸 마지막으로 세상을 떠났는데 이제 내가 어떻게 밥을 먹을 수 있냐고 밥을 경멸했다. 배가 고파 올 일마저 경멸했다. 아니 더 이상 배가 고파 올 리가 없으리라 생각했다.

아침부터 저녁까지 아무것도 먹지 않고 영정을 바라보며 믿기지 않는 현실을 부정하면서 울었다. 그러나 부정하면 할수록 익숙해졌다. 정말 너는 거기 있고 나는 여기 있구나.

하루 밤을 새우고 아침이 되자 손이 부들부들 떨리기 시작했다. 너는 배가 고프지도 힘이 빠지지도 않지만 나는 배가 고프지 않은데도 힘이 빠졌다. 주위의 어른들은 산 사람은 먹어야 한다고 먹는 일을 재촉했다. 이 상황에서 밥이 뭐 그리 중요하다고 '먹어라 먹어라' 하는지 어제는 원망스럽기까지 했다. 그런데 이제 떠밀려 육개장 국물을 마셨다. 목줄기를 타고 내려가는 뜨거운 국물이 싫지 않았다. 좀 살 것 같았다. 그래도 밥은 먹지 않으리라. 슬픔이 고집이 되어 버렸다.

입관을 지켜보며 오열을 터뜨리고 멍하니 앉아 있다가도 조문객이 오면 나 역시 뭘 좀 드시라고 재촉했다. 식사를 하고 왔다는 사람에게도 '그래도 뭘 좀 드세요'라는 말만 계속 했다. 누구라도 먹어야 시간을 보낼 수 있었다.

점심 때가 되자 또 웃어른들이 산 사람은 기운을 차려야 한다고 자꾸 먹으라 했다. 억지로 육개장 국물을 한술 떴다. 생각보다 맛있었다. 밥을 한 숟가락 넣었다. '미쳤군, 동생이 죽었는데 지금 밥이 들어가고 맛있게 느껴지다니.' 내 입에 진저리가 쳐졌다. 죽지 않을 만큼만 먹으라고 스스로 꾸중했다.

이제 보니 장례식장에서의 밥시간이란 하루 종일을 차지했다.

중간 중간 영정을 바라보며 슬픔에 빠졌다가도 먹는 일을 바라보았다. 그러다 저녁엔 나도 육개장에 밥을 말았다. 한 숟가락의 밥은 공복을 일깨우면서 와락 입맛을 끌어당겼다. 너는 안치실에 싸늘하게 누웠는데 나는 밥을 먹는구나 하면서도 먹어졌다.

밥을 조금 먹고 나니 기운이 돌고 웃을 일도 사이사이 생겼다. 조문객들은 일상 속에 있는 과정일 뿐이니 내가 그 속에서 슬픈 표정만 지을 수가 없었다. 몇 시간 안 되지만 잠도 잤다.

발인하는 날 아침 국물을 후루루 또 마셨다. 일정이 빡빡하기에 빈속으로는 힘들 것 같았다. 화장장의 뒷산은 이른 가을 햇살에 아직 진록임이 부끄러워 서둘러 흔들리는 것 같았다. 이글이글 춤추는 열이 연통 위에서 빛으로 반짝였다. 햇살 속에서 반짝이는 열과 나뭇잎 때문에 미칠 것만 같았다. 오열을 터뜨렸지만 누군가가 갖다 준 피로회복제를 마셨다. 정말 산 사람이 먹어야 하는 이 의욕이 치욕적이었다.

가슴이 답답할 때마다 갔다던 대천 바닷가에 동생을 보내고 돌아오던 길에 따라온 동생친구들이 말했다. 동생과 잘 가던 칼국수집이 있으니 거기에 들러 먹고 가는 것이 어떻겠냐고. 같이 와준 친구들이 고맙기도 했고 동생이 잘 먹었던 칼국수라니 그러자 했다. 어둠은 그 사이에 내려앉았고 빨간 칼국수는 가스 불 위에서 바쁘게 끓고 있었다. 기다리는 젓가락과 숟가락을 잠시 밀쳐놓고 소주를 한 모금 들이켰다.

달짝지근했다. 목구멍으로 넘어가는 순간 눈물이 흘렀다.
'그래, 우리는 또 먹는구나.'

밥을 먹을 수 있는 나는 앞으로 또 울 수도 있고 웃을 수도 있고 참아도 되고 폭발해도 된다. 그러니 나는 그것들을 뒤로 미루기로 했다. 슬픔을 잊기 위해 모두들 칼국수를 맛있게 먹었다.

"있다 먹을게" 해놓고 가버린 동생의 밥그릇을 잊기 위해 나는 또 먹었다.

강 건너 주시오
- 목성균의 '세한도'를 읽고

'사공―, 강 건너 주시오.' 나는 아버지가 그 소리를 한 번 더 질러주시기를 바랐다.

'세한도'에는 목성균의 강이 흐르고 그의 아버지의 강이 흐른다. 세한도를 읽으며 나는 내 유년의 강을 발견하고 내 아버지의 강을 들여다보았다.

여름방학이면 나도 강을 건넜다. 차멀미가 심해 일초 일초가 괴로웠던 나는 강만 생각했다. 강까지만, 미루나무가 서 있는 강까지만, 했다. 조부모와 큰집식구가 계신 시골에 놀러가곤 했는데 고통의 버스를 타고 가서 강을 건너고 산을 넘으면 초가집이 즐비한 신비의 마을이 있었다. 가운데 기와집, 그곳으로 내달려 들어가는 순간 나는 묘한 세상에 다녀오곤 했다.

버스에서 내려 강가에 서면 목성균의 아버지처럼 우리도 강 건너에 있는 사공을 기다렸다. 강 건너 야트막한 산 밑에 오두막처럼 사공의 집이 있었다. 건너편 산에서 사람이 내려오면 사공은 기다렸다 그들을 싣고 왔고 아무도 없으면 빈 배를 가지고 왔다.

배는 강에만 떠있는 것처럼 굼떠 보였는데 그런데도 가까이 다가오면 쑤욱 밀고 들어오는 속도가 있었다. 사공은 우리를 태우고 잠시 기다렸다. 길목에 햇살만 가득하고 조용하면 사공은 긴 노를 바닥에 대고 밀었다. 가슴 쪽에서 바깥쪽으로 원을 그리듯 주욱~ 밀어냈다. 배가 돌았다. 잠시 미루나무가 보이다가 강 상류가 보이고 저쪽 산이 보이는가 하면 하류가 보였다. 배가 반듯이 가지 않고 왜 돌면서 멀게 가는지 알 수가 없었다. 지금 생각하면 물살을 다스리는 방향 잡기인 것 같다.

반짝이는 미루나무 잎사귀나 달구어진 자갈들이 저만치 멀리 보이면 차안에서의 내 불쌍한 기억이 다 말라갔고 싱싱한 물결 따라 생기를 찾았다. 노가 바닥을 밀 때마다 강의 깊이는 깊어지고 드디어 강물이 무섭도록 파랗게 되었을 때 강 가운데 내가 있었다. 균형을 위해 양편으로 나누어 앉은 사람들의 여유 속으로 궁금증이 말을 걸었다.

"네 애비 이름이 뭐냐?"

"O자 O자 O자요."

"OO이가 니 아버지냐?"

내 아버지를 애처럼 부르는 그분들에게 나는 다소 친숙함과 함께 자랑스러움 같은 것을 품었다. 아버지가 이런 시골 출신이지만 그나마 도시로 나간 사람이라는 유치한 자긍심이었다. 마을에서 이 집 저 집 마실 다닐 때도 "니가 ○○이 딸이구나, 그래 들어 오너라" 하시면 으쓱했다.

조부모가 돌아가시고 큰집도 도시로 떠나고 친척 분이 그 집을 지키고 있을 때 나는 그곳에 다시 가 보았다. 그때, "니 아버지 똑똑하고 맹랑한 놈이여"라는 말을 들었다. 아버지는 어느 날 갑자기 그 강을 밤중에 건넜다는 것이다.

목성균의 아버지가 육적과 술항아리를 넣은 주루막을 지고 강 건너 숙부에게 가기 위해 강가에 서서 당당하고 꼿꼿하게 '강을 건너 주시오' 했다면 나의 아버지는 급히 챙긴 리어카와 얼마 전 혼례를 치른 새댁을 옆에 세워놓고 숨이 찬 채로 '강을 건너 주시오, 빨리.' 했다. 사공의 집 문을 흔들고 소리도 쳤을 것이다. 사공은 기와집 아들과 새댁과 솥단지와 재봉틀과 이불을 보고 놀랐고 놀란 밤배는 어둠과 강을 뚫고 강 건너 쪽으로 갔다. 나의 아버지는 강을 떠나기 위해 강을 건넜다. 자갈밭에 그르륵 그르륵 배가 부딪히며 섰을 때 대가족제도에서 벗어났다.

아버지는 술에 취하신 날, 그러셨다. 수업료를 제때 내지 못하자 교장선생님이 내주어 부끄러웠던 맘과 함께 결혼을 하고도 부모님과 큰집 식구들과 일꾼들과 대가족으로 살아내야하는 전통적 삶, 아내는 일만 하느라 얼굴 한번 보기도 쉽지 않았던 일, 그 제도가 마땅치가 않으셨다. 그래서 읍내 직장에서 오자마자 리어카에 짐을 싣고 강을 건넜다 했다. 아버지는 산을 넘고 강을 건너 강을 떠났던 것이다.

'니가 ○○이 딸이여? 라는 말에 자랑스럽게 강을 건너고 산꼭대기에 올라 그렇게 기와집이 반가워 한 달음에 뛰어 내려갔던 일을 지금은 생각하면 자랑스러움도 부끄러움도 없고 그저 흐르는 강을 바라보는 마음일 뿐이다.

세월은 흐르고 강도 흐르고 나는 아버지의 강에서도 멀리 떠나왔다. 한참 후 다시 한 번 그곳엘 가보았다. 목성균의 아버지가 추위에 서서 완강한 성격으로 '사공의 존재가치가 대립' 했던 강가로, 아버지의 자존심을 바라본 목성균의 강가로, 내 아버지의 떠났던 가난한 산과 강으로, 산을 넘기 전 내 우쭐함을 싣고 건너게 해준 강으로.

적벽강은 여전히 흘렀다. 아버지에게는 자립적 삶으로의 건너기였지만 아직도 나에게는 묘한 세상으로의 건너기다.

"사공, 강 건너 주시오" 강가에 맹랑한 신랑과 일하다 말고 따라나선 신부가 떨고 있었다.

그 적벽강을 방학만 되면 우리가 그렇게 들락거렸던 것이다.

당신이 기억한 대로

 이때다 싶어 빌려준다기에 책을 받아왔다. 감동을 더 얹어주는 무대가 있는 법, 변덕스런 감정은 감동의 길목을 화려하게도 하고 훼손하기도 한다. 같은 일이라도 마음 놓인 자리에 따라 다르다. 주위의 에너지가 감성으로 모아졌을 때 - 파블로 코엘료 말을 빌리자면 만물의 좋은 기운이 감동을 도와줄 때 덕을 보자는 속셈이다.

 '말빚'을 더 이상 남기기 싫다며 책을 발간하지 말라고 유언한 법정의 책이다. 책방에 책이 동났다는 소식이 들리자 그 책을 가지고 있는 지인은 자랑스러운 듯 돌려보게 했다.

 법정 스님은 자신을 위해 글을 썼을 테지만 그 글은 독자로 인해 좋은 글이 되고 많이 읽혀진 글이 되었다. 세상에 나간 글은 이미 독자의 몫이니 어찌 묶어둘 수 있겠는가. 지극히 깔끔한 마무리도 집착 중의 하나일 것이다.

  누구나 살아서는 무엇을 남길까 연연하며 살고, 죽기 전엔 무엇을 남기지 말까도 염려하며 산다. 좋아서 남겨도 남에게는 의미 없는 욕심덩어리로 보일 수 있고 남기지 않겠다고 해도 무엇이 남지 않겠는가. 이미 다른 사람 마음대로 기억된 것을.

  엔트로피 법칙처럼 알 수 없는 무언가로 남아 누군가에게 심장과 폐에 불규칙한 정서를 줄 수도 있고 피톤치드같이 아름다운 방어제가 되어 삶이 숨 막힐 때 도움을 줄 수도 있다. 모든 게 생각대로 되는 게 아니다.

  나는 옷을 벗고 수술대에 누웠던 적이 있다. 무엇이 부끄러웠겠는가. 수술이 급하다는데… 죽든지 살든지 둘 중의 하나일 거고 한 번 더 가족과 행복하게 살 수 있든지 이별하든지 둘 중의 하나일 것이었다.

  덮개가 어깨까지 덮었던 것 같다. 바쁘게 침대를 밀어대는 의사와 간호사의 힘으로 수술실에 들어갔고 나는 셋도 못 세고 이 세상에 없는 시간 속으로 들어갔다. 모든 사람에겐 달력이나 시계 속에 똑같이 있는 시간이었지만 나에게는 없는 시간이었다. 창피함도, 절박함도, 불안함도 없었다. 그리고 삶에의 희망도, 깨어나야 된다는 의지도 없는 뇌 밖에만 있는 시간이었다. 그러나 몇몇 의료진과 주위의 애타던 가족은 그때의 나를 명확히 기억한다. 어떤 모습으로라도….

  퇴원을 하고 집에 돌아와 이상한 상상을 하기 시작했다. 자꾸만 내게 보이는 시간과 공간에 내가 없는 그림을 설정해놓고 바라보고 있었다. 도우미와 시누이가 살림을 돌봐주는 그 시간에도 내가 나를 평가해보는 묘한 시간이 되었다. 내가 죽었다면 이 모든 살림을 열어보면서 나를 어떻게 기억할까 하는 죽은 후의 내 모습이 보이기 시작했다.

그들이 냉장고를 열면 나는 '냉장고 속을 내가 잘 정돈했던가' 하고 움찔했고 글 쓰고 문학잡지 일 돕는다고 미뤄두었던 살림이 나를 욕보이게 하는 증거물이 될지 이해받을 수 있는 일이 될지 두근거렸다. 정신없이 쌓아둔 책과 잡지들을 보면 뭐라고 평가할까, '이게 뭐라고 그렇게 했단 말인가'. 서랍을 열면, '엉망이면 어쩌지?' 하며 떨렸다. 시누이나 도우미가 살림에 손을 댈 때마다 나의 뒷모습이 보였다.

냉동실에 가득한 먹지 않은 음식, 읽지도 못하고 버리지도 못한 쌓인 책, 입지도 않으면서 교회나 바자회에 게을러서 못 보낸 옷, 빈 화분, 오래된 먼지…가득했다. 아껴놓은 통장의 저금도 떠올랐다. 쓰지 않은 돈 - 물론 아낀 돈이다. 나를 위해서든 누굴 위해서든 써도 될 돈이었다는 생각도 들면서 과연 내가 죽었다면 어떤 이미지로 남았을까 하며 죽은 나를 보게 되었다.

나는 수술대에서 어떤 일이 벌어졌든지 창피함이 없었는데 말이다. 그런데 퇴원해서 내가 죽었더라면… 하며 나의 뒷모습을 부끄러워하고 있는 이유가 이런 사소한 모습이라니.

이유가 없는 건 아니었다. "언니, 살 좀 빼야겠더라, 침대에 누워 수술실 들어갈 때 보니 어깨살이 두둑한 게 좀…" 하는 시누이의 말은 무척이나 신경이 쓰였다.

'아하, 그랬구나. 허어연 어깨살이 두둑했으니 얼마나 민망해 보였겠어.'

내가 죽었더라면 그 모습이 시누이의 눈에는 마지막 모습이었을까. 사람의 기억이란 아주 사소한 어느 순간의 컷 이미지가 아닐까. 각인된 어느 순간의 이미지, 그것이 굵은 줄기의 인생을 잠시 잊어버리게 하고 감각에 빠지게 할 거라는 생각이 든다.

내가 부끄러워하는 것이 그런 류의 시시한 것이고 아직도 그 시시한 것에 비중을 두고 살고 있긴 마찬가지다. 외출을 하기 전 속옷을 갈아입는다거나 설거지를 해놓는다거나 하는 아주 시시한, 그러나 무시할 수 없는, 그 시시한 것이 남아있는 사람들의 시선으로 고정될 수 있다는 염려를 버릴 수가 없다.

법정은 세상에 진 빚을 '말빚'이라고 했지만 세상 사람은 법정 스님이 생각한 대로가 아니다. 그들이 기억하는 것은 법정이 살아온 정돈된 큰 몸체 하나에 기댄 아주 작은 스침에 대한 사소한 기억으로 생생이 남을 것이다. 법정 스님과 말 한마디나 얼굴빛 한 순간이라도 나눈 사이라면 더 그럴 것이다.

몸체보다 더 또렷한 사소한 기억 같은 것, 수술실로 들어가는 두툼한 어깨, 바쁘게 나가느라 화장대 위에 뚜껑이 채 안 닫힌 영양크림, 뭐 그런 사소한 것 같은….

나 아닌 당신이 기억한 대로 남을 것이다.

비행기 안에서 본 것

 티켓을 들고 들어간다. 여기까지 오기 전, 몇 번에 걸쳐 내 것을 보자고 한 사람이 있었지만 이제는 내가 본다. 하나하나 좌석을 지나쳐 간다. 대충 왔다 싶으면 느린 걸음으로 좌석을 바라보고 번호가 맞으면 그곳에 앉는다. 다른 사람들도 줄을 지어 들어가다 그렇게 한 사람 한 사람 앉는다.

 차곡차곡, 초콜릿 케이스에 들어앉은 초콜릿처럼 반듯한 물건이 완성되어가는 느낌이다. 방송의 지시에 따라 안전벨트를 매고 앉으면 정리가 끝난다. 철저히 하나의 개체로 걸어가 커다랗게 살아나는 조직체, 배달될 곳이 있는 완성품, 그 속은 또 다른 세계다.

 비행기에 오른 순간부터 나는 누구의 누구가 아니라 도착지에서 내릴 사람, 여성, 테러의 위험이 없는 사람, 자기 자리에 앉아있을 사람, 그리고 방송에 따라 움직일 사람, 때때로 밥과 음료수를 받아먹고 취향대로 약간의 요구를 할 수 있는 사람이다. 말과 표정이나 사연으로 들어가는 것이 아니라 개체로서 그 비행기에 들어갈 자격을 인정받은 사람이다.

안전벨트까지 매고 나면 할 일을 생각한다. 비행을 하는 동안 케이스를 망가지게 하거나 이탈할 수가 없다. 한정된 환경에서 견디기 위해 잠을 자는 사람도 있지만 거의 앞좌석에 붙은 모니터에 집중한다. 각각의 정신을 훔쳐가길 바라고 시간마저 가져가길 원한다. 그래야 잘 도착해서 내릴 것이므로.

장시간 비행 중 나에게서 시간을 도둑처럼 낚아채줄 영화가 있는가, 하는 기대로 이어폰을 귀에 걸고 손가락으로는 모니터의 이곳저곳을 터치해 본다. 맘에 맞는 영화를 보기 시작할 때 동행자도 모니터를 켠다. 옆 시선으로는 옆 화면이 보이지 않아 동행자가 무얼 보는지 눈치 채지 못한다. 창문이 다 내려지고 개인 불도 꺼져 조용하다. 마치 운명을 함께 하는 승객끼리 침묵으로 인내심을 위해 기도라도 하는 것처럼 보인다.

무언가에 넋을 빼지 않으면 몸통에 붙어있는 고개의 고약한 무게가 느껴지고 등과 어깨에서는 줄다리기라도 하는지 질긴 근육이 느껴진다. 잠들지 않은 눈이 무언가를 하지 않으면 무척 괴롭다는 것을, 다리도 움직이지 못하고 꼼짝없이 각을 세우고 있을 때란 각진 나무토막처럼 정리하기 힘든 물건이다. 맘대로 움직이지 못하는 케이스 안이라 답답하다.

무슨 말을 물어보려 고개를 돌려도 동행자가 내 말을 듣지 못한다. 두 번째 말을 할 때야 이어폰을 벗고 얼굴을 내미는 이 좁은 공간의 개체에게 다시 뭔가를 기대하지 않는 게 낫다. 동행자도 그랬으리라. 입 모양을 보고 눈짓을 보고 이어폰을 내리고서야 말하는 것을 들었으니 말을 열심히 할 필요가 없다.

화장실에 가고 싶어 일어난다. 아무 때나 일어나는 일은 조심스러워 옆 사람에게 방해가 될까 참다가 적당한 때를 노린다. 화장실 앞에서 기다리는 동안 의자의 등을 바라본다. 꼭 맞는 의자에 앉아 하나같이 이어폰을 끼고 모니터를 바라보는 모습은 설치미술 같다. 엄숙한 의무와 함께 하며 찾아내는 작은 즐거움 …. 나는 그 모습을 한 동안 바라보며 묶음 속에서도 철저히 독립 되고 또한 묶음으로써 철저히 구속 되는 개인을 보았다. 대형 컴퓨터 기계에 꽂힌 잭처럼, 역할이 하나하나 있는, 그래서 조직이 돌아가는, 드디어 개인의 목적과 함께 큰 그룹의 목적지에 다다르는, 커다란 동체를 본다.

20여 개의 비행기 날개 조각들이 고도와 바람과 항로에 맞춰 넘실거리며 움직일 때 개체들은 말이 필요 없고 어둑한 불빛과 모니터만 필요하며 간간이 밥과 음료수가 필요하고 화장실 가는 일이 필요한 것이다. 같은 곳에 도착하기 위해 앉아있는 이 공간은 그 이상의 말도 그 이상의 행동도 그 이상의 투정도 필요 없는 또 하나의 세상이다.

나는 이 비행기에 오르기 전 많은 사람들이 또 다른 이런 틀 속에서 앉아있었을 모습이 떠올랐다. 직장이나 사회, 가정이라는 조직체 안에서 손바닥 반 쪼가리에 해당하는 명함의 값을 하기 위해 앉아있는 모습이 보였다.

도착지에 내리고 다시 일상으로 돌아가면 또 다른 목적지에 닿을 때까지 꼼짝없이 자리를 지키며 앉아있을 모습도 보였다.

집중하여 시간을 보내고, 견디고, 그 안에서도 즐거움을 찾으려 하는 사람들의 등을 한참동안 바라본다. 잠시 스트레칭을 하고 내 자리에 돌아와 앉는다, 다시 견디어 보리라 하고.

여행을 하는 일은 그런 비행기 안에서 견딘 것처럼 일상의 의자에서 잠시 내리는 것이리라.

이까짓 돈

빨랫줄에 나란히 세 장의 돈을 널었다. 반짝 빛이 났다.

아직 물기가 남은 그놈은 호강이라도 해 보겠다는 듯 말쑥한 얼굴로 척 빨랫줄에 몸을 감고 아침 햇살을 쏘이고 있다.

'깜찍한 녀석 같으니라고, 사랑받는 방법도 가지가지군.'

탁탁 세탁물을 털어 빨랫줄에 널려고 보니 무언가 툭 떨어진다. 가끔 빨랫감 주머니에서 동전이 빠져나와 세탁기를 '드르륵' 불안하게 한 적은 있었지만 오늘은 만 원짜리를 그대로 넣은 채 돌렸는가 보다. 찬찬하지 않았음이 못마땅한 게 아니라 오히려 반가웠다. 꼼짝도 하지 않고 숨어 있었다는 듯 몇 겹으로 접힌 채 말쑥하게 씻겨 있었다.

철썩 붙어있는 세 장의 만 원짜리 돈을 살살 떼어 널었다. 돈은 질겼다. 세탁기 속에서 그렇게도 회전과 물세례와 방망

이질을 당했어도 - 물론 주머니가 보호는 했겠지만 - 그대로 있었다.

아마 이 놈도 돈으로 태어나서 처음 햇살을 쏘였는지도 모른다. 언제나 캄캄한 지갑 속에 눌려 있다가 다른 사람의 손으로 넘겨질 때서야 잠깐 불빛 아래나 햇살 아래서 바람을 쏘였을 것이다. 아니면 주머니 속에서 체온에 달궈진 몸을 잠시 털고 또 다른 사람의 어두운 곳으로 들어갔을 것이다.

누군가에게는 눈물을 흘리게 하고 누군가에게는 희망과 보람을 주고 누군가에게는 실망이 되기도 하면서 사연 많은 돈이 되어 나에게로 왔을 게다. 급기야는 1시간 반 동안 롤러코스터를 타고 세제에 몸이 씻긴 것이다.

사실 돈 때문에 인간이 혼란스럽게 사는 줄 안다면 돈은 어둠 속에서 숨어 있어야 마땅하다. 돈으로 희망과 절망을 쉽게 저울질하고, 돈 때문에 인간성 상실의 시대가 왔다고 하니 어디 낯짝을 내밀고 다니겠는가. 카드 속으로 숨고 숫자 속으로 숨어서 잠시 선글라스로 얼굴을 가리듯 눈빛을 가리고 다니는 건지도 모르겠다.

오래 전 돈들이 낯짝을 번듯이 들고 다니던 시절이 있었다. 월급봉투 속에 고스란히 들어앉아 있어 월급날의 기대를 무척 설레게 했다. 봉투를 받으면 반가움에 몇 번이고 세어보았다. 이리 구분, 저리 구분, 나눠놓다 그만 한숨만 쉬었던 시절이 있었다.

절대로 돈 얘기를 화제 삼아 마음 상하게 하지 않으리라는 결심으로 신혼살림을 시작했던 어느 날 남편은 고주망태가 되어 귀가했다. 월급날이었다. 던져주는 월급봉투를 열어 세어 보니 10만원 정도가 비어 있었다. 30여 년 전이라 그 돈이 큰돈이었기에 술 취한 남편에게 화가 난 나는 '돈 다 어디에 썼냐'고 닦달을 했다. 남편은 '내가 돈으로 보이느냐'며 막다른 골목에서 유턴하기 위해 공격의 갈기를 세운 자세였다. 말이 화를 돋우고 화는 말을 거칠게 하여 급기야 행동으로 돌진했다.

 파란 돈을 찢은 것이다. '이까짓 돈'이라는 말이 오고 난 뒤에는 파랗거나 빨갛거나 무조건 '이까짓 돈'이었다. 돈이 두 동강이가 났다.

 그때는 아파트 쓰레기통이 벽에 설치되어 있어 장치를 누르기만 하면 맨 아래층 바닥으로 툭하고 떨어지던 시절이었다. 찢어진 돈을 쓰레기통에 넣었다. 신혼시절이라 사이가 좋기도 했지만 실망을 주는 부분에서는 가차 없이 거세졌다. 누가 더 빨리 기선을 잡나 시합이라도 했던 것 같다. 싸움이 절정에 이르렀으니 이쯤에서 쓰레기통 손잡이를 꾹 눌렀어야 했는데 마지막 손잡이를 누르지 못하고 방으로 들어왔다.

 남편은 곧 곯아 떨어졌다. 슬그머니 뒷베란다로 나가 쓰레기통을 열었다. 찢어진 돈을 하나하나 주워서 방으로 들어왔다. 짝을 맞추어 놓고 스카치테이프를 갖다 댔다. 그리고 조용조용 울었다.

다음 날 부은 눈을 하고 '이까짓 돈'으로 적금을 부었다. 남은 돈은 이리 가르고 저리 가르고 난 뒤, 돼지 갈비와 야채와 맥주를 사들고 아파트 오르막을 올랐다.

그 뒤, 돈은 언제나 '이까짓 돈'이 아님을 알았다. 노력과 노동의 결실이고 사랑과 진실의 표현이고 베풂과 절약의 수단임을 뼈저리게 느꼈다. '절대로 돈 문제로 싸우지 말자'는 나의 철칙은 거의 지켜졌고 남편도 허투루 쓰거나 거짓을 담은 돈을 쓰거나 마음으로 인색한 노랑이가 되지 않고 살아주었다.

나는 이제 돈이 어느 주머니에 들어 있는지도 모를 정도로 기억력과 찬찬함이 없어졌다. 옷을 갈아입거나 세탁기에 넣으려다가 주머니에서 돈이 '땡그렁' 하고 나오면 '어, 너 거기 있었니' 하고 반갑게 맞게 되었다.

아침 햇살 가득한 베란다 빨랫줄에 돈을 널고 나니 찢어지지 않고 깨끗해져 있는 돈이 기특하다. 그래 맘껏 햇살을 쐬어 보아라.

돈에서 나온 수분이 다이아몬드 비처럼 햇살에 반짝거리며 날아간다.

속살을 보다

 강아지나 새를 만지면 소름이 돋는다.
 손끝은 따뜻한데 소름이 돋는다.
 동물을 사랑하는 사람이 얼굴을 찡그린다면 나의 사랑도 안쓰러워 그러하다고 변명할 수 있다. 예상치가 어긋났을 때, 넘어질 뻔하여 심장이 덜커덩 하는 느낌이라고. 물에 젖은 강아지의 작은 몸통을 보고 있노라면 오히려 내가 부끄러워지는 민망한 느낌이라고.
 부드러운 동물의 털 속에 손을 넣으면 눈으로 본 몸뚱이의 크기쯤에서 몸통이 잡히지 않고 손이 더 쑥 들어가서 만져지는 찰나의 아득함에 놀란다. 예상치 못한 작은 몸통과 따스한 체온의 진실을 알아버린 무안함 때문일지도 모른다.
 겨울 산을 보면서 깜짝 놀랐다. 강아지나 새의 몸통을 만져

본 것처럼. 목욕한 후에 드러난 몸통 크기에 놀란 사람처럼 **소름이 돋았다.**

'저 산이 원래 저만했던가.'

매일 보는 산이다. 작년에도 보았건만 올 겨울엔 왜 그리 그의 속살이 눈에 띄었는지 모르겠다.

몇 년간 행운을 누렸다. 아침에 일어나면 게슴츠레한 눈眼을 산의 덩치에 비벼 씻으니 말이다. 베란다 쪽으로 눈만 돌리면 동산만한 산이 시야에 들어온다. 하루하루가 다르게 보이는 그의 몸에 관심을 갖으면서 허둥대던 아침의 끝을 씻는다. 식구들이 세상 속으로 진입이 덜 된 녹진한 몸으로, 지쳐 눈 한 번 제대로 마주치지 못하고 분주한 바람만 일으키고 나가면 나는 그 공간에 서 있다가 산을 바라본다.

여름의 경이로운 초록도 습관이 되어 조금씩 지쳐 갈 즈음 가을이 오고 햇살과 시린 바람으로 단풍이 들면 그 형형한 색, 삶의 오르가즘을 느낀 듯한 혈색을 바라본다. 그러나 곧 바람이 불고 추적거리는 가을비가 내리자 이파리는 조금씩 줄어들고 있었다.

산이 작아지고 있었다.

내가 생각한 '저 산의 크기'는 10m가 넘는 나무의 높이까지를 더한 것이다. 나무의 밀집으로 그어진 산의 능선까지를 산의 크기라 고정시켰던 생각을 이제와서 훤히 보이는 흙의 표면으로 가늠하고 있다. 그것이 진짜 산의 크기라고 변심한 것이다. 소나무, 떡갈나무, 갈참나무, 밤나무, 물푸레나무의 커다란 키가 그대로 서 있긴 해도 울울하게 치켜세운 높이와 덩치의 공간이 사라지고, 낙엽은 바닥에 눕고 빈 가지 사이로 하늘이 보이기 시작했다.

산의 속살이 드러나고 있었다. 겨울이 된 것이다.

'산이 원래 저만했던가.'

작아진 산을 보면서 '나는 그 산을 이해하고 있다'고 스스로 위안했다. 남들이 눈치 채지 못하는 누군가의 고뇌를 나만이 읽었다는 야릇한 이해심 같은 것이다.

산은 속살을 부끄러워하지 않는 것 같았다. 산이 속살의 부끄러움을 견디는 것이 아니라 나의 눈이 부끄러워 하다가 단련되기 시작했고 견딜 만해졌다. 시리고 안쓰럽던 마음이 바라볼 때마다 무엇엔가 위로받은 것이다.

그러다 큰 눈이 내렸다.

가지마다 얹혀진 눈과 바닥에 쌓인 눈으로 산은 잠시 풍성해졌고 빈몸의 순수함을 가지 사이의 공간으로 드러내 보였다. 그러나 따스한 예년의 온도를 되찾는다는 보도가 있고 난 후, 산은 더 작아져 있었다. 나무에 얹혀진 백설은 모두 없어지고 잔설만 산의 몸체를 확연하게 드러내고 있었다. 삭발한 여승의 두상처럼, 항암투병을 하던 환자의 민머리에 쭈빗 난 머릿카락처럼 시린 속살의 모습이었다.

큰 산이라고 생각했던 것도 벗고 벗으니 작은 존재였다.

차라리 산은 모든 걸 벗을 수 있어 홀가분할지 모른다.
속살을 보이지 않으려고 치장만 하나씩 더 걸치는 나의 더께는 단단해지고 있다. 강아지나 새의 속살에 소름이 돋는 이유를 알겠다. 산의 작아짐에 놀란 이유를 알겠다. 벗고 떨구고 드러내면 모두가 작은 존재인 것을 모른 척해서이다.

껍질

 너는 좋아. 너는 아니야. 야채 가게에서 분명 껍질을 보고 맘에 든 놈을 바구니에 담아왔다. 그것을 싱크대 위에 올려놓고 앞치마를 두르면 둘로 나누기 시작한다. 먹을 것과 버릴 것, 순하게 말하면 '다듬기'라 할 수 있지만 실은 껍질을 죄다 버리는 일이다.

 다듬어진 깔끔한 알몸이야 식욕을 자극하니 흐뭇하다 치고 음식물 쓰레기통으로 들어간 껍질에게서도 야릇한 선함을 느낀다. 체온을 위해, 속을 위해, 껍질이 되었다가 지쳐 벗겨진 빨래 통의 빨랫감처럼 껍질로 수북한 음식 쓰레기가 밉지 않다. 사람의 손과 입을 실컷 거친 음식 쓰레기에서 느끼는 무겁고 축축한 주검이 아닌, 훌러덩 속을 던져 놓고 떠나는 가벼움인지 모르겠다.

껍질은 제 존재의 깃발이었다.

제 몸을 알리는 맨 먼저의 깃발이었다. 흙으로부터 나왔거나 모태의 몸에서 나왔거나, 강한 힘으로 밀고 나왔지만 한없이 연하게 고개 내민, 당당하지만 수줍게 고개 내민 깃발이었다. '나, 여기 있다'는, '나, 세상이 붙여진 이름대로'라는, 최초의 시간을 간직한 고참이다. 이름 붙여진 사명대로 자라서 인간의 눈과 혀가 껍질을 향해 절정의 순간이라고 결정내릴 때까지, 그래서 목숨이 끊기는 그 순간까지 카리스마를 지켜 제 속성을 지킨 고참이다.

땅 속에서 흙을 입고 자란 껍질은 대체로 온순하나 햇살과 바람에 몸 열고 몸 닫으며 속 키워내고 끝내 드러낸 껍질의 혈색은 강하다. 연하기만 했던 마음도 속을 보호하기 위해 있는 대로 힘주다보니 대부분 근육질 키워 질기거나 거친 건 당연, 그것으로 속의 품위를 지켜왔다. 시작을 유지하고 숨을 놓았던 순간까지를 머금은 껍질이다. 사람들은 껍질의 솔직성을 믿고 속살에 대한 의심을 푼다. 그리고 그것을 사고 속을 먹기 위해 애쓴 껍질을 버리곤 한다.

오늘도 나는 싱크대 위에 닭볶음탕 재료들을 오종종 앉혀 놨다. 맨 먼저 하는 일이 껍질을 벗기는 일이다. 등껍질을 잡아 당겼다. 따라 올라온다. 가위로 다 잘라내고 지방 덩어리까지 제거했다.

감자 몸에 껍질 깎는 칼을 댔다. 가볍게 내 쪽으로 칼을 당기니 껍질은 약간의 속살과 함께 벗겨진다. 미끈하고 깔끔해졌다. 다시 당근의 몸에 갖다 댄다. 내리긋는다. 주욱 주욱. 빠알간 껍질은 싱크대 안으로 떨어지며 절퍼덕 주저앉는다. 껍질이 끊어지지 않아야 할 이유는 없지만 길게 벗겨져 무릎을 꿇듯 주저앉는 모습에서도 유쾌를 느낀다.

양파는 뿌리 쪽을 칼로 끊어내면 껍질 벗기기가 쉽다. 속을 보호하려는 껍질이라기보다 벗겨지려고 입은 옷처럼, 얇게 입고 있는 앙큼한 양파다. 묵직한 속을 위한 최소의 껍질이 신통하다. 억세진 파 껍질을 벗기고 마늘도 껍질을 벗겨 놓았다. 끈질기게 지켜온 속살, 식재료가 된 이후에도 마르지 않게 지켜주고 있다. 뽀얀 속살을 내민 재료와 아직 숨죽지 않은 껍질들은 이제 제 갈 길을 가야한다.

껍질을 벗은 식재료들이 고춧가루와 고추장 범벅이 되어 불에 졸여지고 있을 때 문이 열리고 함께 사는 식구가 들어온다. 신발을 벗고 들어온 그는 껍질을 벗으려는 듯 방으로 들어가고 맨 먼저 윗옷을 벗고 바지를 벗고 양말을 벗는다. 세상에서 가장 솔직한 모습으로 나온다. 방금 문밖에 섰던 신사의 얼굴과는 다른, 아무렇게나 봐줘도 무방하다는 얼굴이다. 우적우적 식사를 할 때 나는 어느 구석에서도 그가 문밖에서 예의를 애써 잘 지키고 책임감에 몸을 혹사하고 진정성에 맘이 외로워진 사람으로 보이지 않는다.

그러나 그가 벗은 껍질들의 노고에 대해 나는 눈치라도 채고 있기에 벗겨진 껍질이 밉지 않은가 보다. 지켜야할 것을 위해 애썼던 흔적이며 자신임이 드러난 빛깔이었기에….

 닭볶음탕이 껍질을 다 벗은 속살과 양념으로 엉겼어도 속성이 남아 맛을 내듯 그렇게 나도 앉아서 속성을 바라보며 밥을 먹는다.

 밥을 먹고 난 뒤 설거지를 한다. 껍질과는 다르게 남은 음식물 쓰레기를 만지는 일은 각오가 필요하다. 서로 어우러져 맛을 냈을 때는 행복했는데 버려졌을 때는 얼마나 찝찝한 모습인가. 엉긴 음식물쓰레기는 유쾌하지 못하다. 사람에게도 너무 엉기고 범벅이 되어 잉여 감정을 남기면 힘들다. 그래서 나는 깃발의 역할을 하며 속을 보호하다가 음식이 되기 직전 버려진 껍질에서 선함을 보았나 보다.

 가거라 껍질들아.

 애쓴 하루의 삶이여, 여러 날의 삶이여.

지팡이로 본다

 눈으로 볼 수 있는데도 남의 눈을 또 한번 빌려 사물을 보는 것이 미술인가. 내 눈만으로는 빛과 색과 느낌이 까마득하여 화가의 그림에 해설과 몇 가지 지식들을 보태 산만한 감상을 끝내고 미술관을 빠져나왔다.

 미술관을 나오니 하늘이 가득하다. 부신 눈을 가늘게 뜨고 건너편 전시실로 갔다. 아이러니하게도 어둠체험실이 있었다. 몇 겹의 시선으로도 물상을 제대로 읽어내지 못하는 미숙함이 우리의 감각인데 어둠 속에서 시각을 감추고 무엇을 읽어내야 하는 일은 독특한 전시였다.

 어릴 적 전기가 나가서 어둠을 체험해 보았다. 엄마의 말소리를 계속해서 훔쳐내어 공포를 내몰았지만 그래도 재미있는 놀이였다. 잠시 비슷한 생각이 들면서 마음이 들뜨려 할 때

나는 조금 겸손해져야 했다.

 일부러 불편함을 '체험'하는 것은 떳떳하지 않았다. 그러나 어둠이 실제의 삶이 아니라서 다행이었고 어둠을 체험하게 돼서 다행이었다. 이런 경험이 없다면 영영 오감의 순수함과 시각장애인의 불편함과 지팡이의 존재를 몰랐을 것이 아닌가.

 살아오면서 지팡이를 잡아본 일이 몇 번 있었을까.

 일 년에 한 번 벌초를 위해 산에 오를 때 두려움에 대한 방어나 공격을 위하여 잡아보았다. 모세의 지팡이도, 목동이나 노인의 지팡이도 나에게는 해리포터의 지팡이를 보는 일처럼 먼 시선이었는데 오늘 절실한 지팡이를 잡아보게 되었다.

 지팡이를 손에 쥐고 들어갔다. 완벽한 어둠이다. 손을 들어 보았지만 보이지 않는다. 빛이 없는 것은 눈이 없는 것과 같고 눈이 없는 것은 빛이 없는 것과 같았다. 내 존재도 보이지 않는 이 어둠, 손으로 내 몸이 만져질 때 존재가 확인됐고 가만히 있을 때는 내 존재가 공기 중에 떠 있는 정신 같았다. 발바닥에서 오는 밀착의 힘이 몸의 존재를 일깨웠고 지팡이에 부딪치는 어떤 물체가 내 몸도 물질임을 알려주었다.

 누군가는 심하게 바닥을 쿵쿵 찍어댔다. 그 소리로 자신의 존재를 잊지 않으려는 행동처럼 보였다. 드디어 공포가 정확해졌다. 넘어질 수 있다는 것은 일차적 공포이고 더 큰 공포는 일행에서 나만 떨어지면 어쩌나 하는 것이었다.

 지팡이 끝에서 오는 진동이 뇌로 오는 동안 나는 눈을 뜨고 있었다. 무엇이든 보려는 습관이다. 눈을 떠도 보이지 않는 것은 눈을 감고 보지 않는 것에 비해 불편했다. 눈을 떠도 보지 못하는 것은 시력이 없는 것처럼 느껴졌고 눈을 감아서 보이지 않는 것은 물체라는 것이 애초에 보이는 것이 아니고 존재로써 만져지는 것처럼 느껴졌다.

눈을 감았다. 봐야 한다는 관념을 버리니 편했다.

'터걱', '타닥', '딱' 지팡이가 사물에 닿을 때 구체적인 불안이 왔다. 막힘에 대한 짧은 슬픔일까. 반가움과 동시에 비껴가야 한다는 불안이 함께 했다.

오감 중 80%가 시각이며 시각을 통해 뇌가 인식하는데 지팡이가 그 80%를 대신하고 있다. 지팡이는 귀를 움직이게 했고 촉감을 대신했다. 지팡이는 어둠 속에서 상상이고 예상이었고 무엇과 닿았을 때는 판단이고 실행이었다.

조금씩 지팡이가 손에서 따뜻해질 때 무엇이 닿으니 편해졌다. 지팡이 끝에서 소리가 나고 질감이 느껴져야 위안을 얻었다. 무엇이 닿지 않는 지팡이 끝에서는 아득한 절망이 있었다. 떨어질 것 같은 절벽, 그 공허함이 불안을 휘저었다.

나뭇잎이 팔뚝을 스칠 때, 자갈 위를 뒤뚱 걸어 더듬더듬 공원 벤치에 앉아 보았다. 순간 또 다른 어둠을 느꼈다. 걸어갈 때 어둠은 불편한 것이었는데 벤치에 앉아 있는 순간의 어둠은 무겁고 두꺼운 정적이었다. 이상하다. 갑자기 나도 없고 아무것도 없다. 내가 모든 걸 감지 못하는 것처럼 모든 것들도 나의 존재를 감지 못하는 것 같았다. 짧은 순간이었지만 한없는 편안함을 느꼈다.

일행은 어깨를 부딪치며 서로를 확인했다. 테세우스의 실타래처럼 가이드의 말소리를 붙잡고 미로를 빠져나오다 보니 지팡이가 나의 감각 중 하나로 익숙해진 듯했다. 그러나 횡단보도 앞에서 느낀 속력의 소리는 모든 감각을 두렵게 했다. 지팡이는 소리로 다가오는 속도 앞에서 꼼짝할 수가 없었다. 보이지 않는 속력이 우리의 감각을 얼마나 불안하게 훼손하는지 알았다. 시각의 판단도 맛의 본질을 혼란스럽게 하는지 카페에서의 음료는 별 맛이 없었다. 어쩌면 시각의 오류를 벗어난 진정한 맛 그대로를 느낀 것인지 모르겠다.

더듬더듬 온 길 위에서도 시간은 속력을 잃지 않았나보다. 생각보다 훨씬 긴 시간이 지나갔다. 잠시지만 정든 지팡이를 되돌려주었다.

감각 중의 하나를 남기고 온 듯했다. 가끔 나는 눈을 감고 오늘의 이 섬세한 지팡이를 저어볼 생각이다. 보이는 일로 혼돈이 올 때 지팡이로 조용히 짚어볼 생각이다.

빛보다도 더 많은 빛을 보는 화가의 그림 전시회와 아무 것도 보지 못하는 어둠의 중간쯤에서 시각과 화해할 것과 시각에 겸손할 것과 시각에 맹신하지 않아야 할 것을 배워본다.

내 방안의 독신-치타델레

 결혼도 꿈꿨지만 독신을 꿈꾸지 않은 건 아니었어. 그러나 유행 따라 '척'해본 정도였나 봐. 세상 이치에 따르지 않을 재간이 없었어. 그 당시 직장에서 여자 동료들이 결혼을 발표하며 던지는 사표에서는 승리의 꽃향기가 날리는 듯했거든. 행복의 '삐라' 같은 것이었으니까. 그때마다 그쪽 세상으로 건너가지 않음이 조금씩 불안했지. 독신에 대한 내 꿈은 둘러도 되고 안 둘러도 되는 스카프 같은 것이었나 봐.

 결혼을 하면 애를 낳게 될 테고, 사실 나 닮은 자녀가 태어난다는 것에 대해 골치가 좀 아프긴 했지. 세상과 사람에 대해 의심이 많았거든. 남자가 생기자 그것도 뻔뻔하게 잊혀지더군. 데이비스 리스먼이 〈고독한 군중〉에서 분류한 인간형 중 나는 철저한 타인지향형이었던가 봐. 독신으로 감당해야 할 시선이 겁나 '결혼은 해도 후회, 안 해도 후회'라는 키에르 케고르의 말을 듣고 레일 위를 달리는 열차에 편승한 거지.

나에게 두 번의 독신생활이 있다면 한번은 선택적 독신을 취한 셈이고 한번은 언젠가 올지 모르는 독거노인으로서일 거야. 선택적 독신, 지금은 '1인 가구'라고 하는 건데 혼자 일어나 밥상을 차리고 밥을 떠서 씹을 때 조용한 그 시간이 길고 머쓱해 두리번거리지 않으면 밥이 목으로 넘어가지 않았지. 라디오를 듣고 신문도 넘기면서 밥을 씹었던 거야. 초라한 밥상을 치우고 차가운 화장을 하고 허전한 옷을 입고 자물쇠를 잠그고 돌아서는 순간 나는 외로움을 통째로 갖고 나서는 기분이었어. 3개월로 마무리했지.

삶의 형태는 많이 바뀌었어. 예전에 독신은 결혼을 하지 않고 혼자 사는 사람을 지칭했다면 요즘은 다양해졌어. 독립 가구-1인 가구도 독신이고, 결혼은 하지 않고 혼자 사는 사람이야말로 독신이고, 가족과 살아도 결혼을 안 한 늦은 나이면 독신이고, 결혼할 마음이 있었어도 어쩔 수 없이 혼자 사는 사람도 독신이고, 이혼하고 사는 '돌싱'도 독신이지. 사별하고 혼자 사는 사람도 독신이란 거지. 독거노인이나 노숙자도 독신이긴 마찬가지야. 선택적 독신과 어쩔 수 없는 독신으로 나뉘는데 사람들은 환상과 리얼리티를 맘대로 섞어서 그들을 바라보지.

독신이란 말의 양끝엔 화려함과 초라함이 줄다리기를 하고 있어. 어느 쪽으로 갈지는 스스로의 생활 패턴에 달려있겠지. 경제적으로 안정되고 시간을 쪼개서 '자기만의 방'을 잘 꾸민 사람으로 보이면 '화려한 싱글'이나 '골드 미스' 같은 타이틀도 붙지만 그대로 나이가 들면 독거노인으로 가는 직행코스라는 걸 간과해서는 안 되는 거야. 독신이기 때문에 누릴 수 있는 불안정성을 자유로 적극 환원하여 최대한 누리는 사람은 화려한 싱글이 되지만 자유를 누리기는커녕 생활의 리얼리티만 살아나고 궁상기가 자리 잡으면 혼자 사는 냄새가 나는 거겠지.

　나는 결혼을 하고 힘들 때도 많았지만 결국은 결혼 예찬론자가 되어가고 있어. 결혼의 대가로 행복뿐 아니라 괴로움의 양도 만만찮지만 지옥과 천당을 맛보는 경험에 궁극에는 감사하지. 그래서 누군가 노래방에서 '결혼은 미친 짓이야 정말 그렇게 생각해 이 좋은 세상을 두고 서로 구속해 안달이야 ~아~ 모두 미쳤나 봐 그런가 봐~ 난 화려한 싱글이야'하고 목청껏 부르면 나는 미친 듯이 웃나 봐. 미친 짓을 하고 있다는 것이 재밌는 거지. '얼다'라는 우리말, 사랑한다는 말인데 그 말이 '어른'이 된 것을 보면 결혼을 해야 어른이 된다고 본 거지. 군인은 전쟁터에서 싸워야 드디어 군인이 된다는 것과 같아. 사회적 관습으로 집안끼리 결혼을 하고 육체적 어른이 되고 개인의 정신은 다음이었지. 그런데 요즘 봐. 놀랍고도 부럽고도 걱정스럽기도 해. 개인의 사랑을 전제로 하다 보니 결혼이나 '얼다'는 선택사항이 되고 한번 결혼을 하면 머리가 파뿌리 되도록 살아야 하는 것도 아냐. 갈라서서 독신이 되고 또 재혼도 하지.

영화 〈섹스 앤 더 시티〉는 결혼한 사람들이나 독신이나 입을 벌리고 쳐다봐. 화려한 싱글들의 뉴욕생활은 혼자가 갖는 결핍을 숨기고 경제력과 시간과 전문직과 자아만을 강조해 누구나 부러워하게 만들어. 성적인 방종이나 금욕은 없어. 성적인 자유만 있어. 그래서 환상적이고 재밌지. 2부에서는 결혼을 하고 겪는 이야기인데 꽂히는 부분이 있었어.

칼럼니스트 캐리는 결혼을 하지만 생활이 주는 리얼리티로 남편에게서 매력이 떨어질 무렵 자신의 전 아파트로 가서 혼자만의 시간을 갖고 칼럼을 완성하지. 그 이틀간의 자유와 기쁨이란…. 바로 그것이 버지니아 울프가 말하는 '자기만의 방'이고 몽테뉴가 말하는 자신만의 공간 '치타델레'인 거겠지. '자기밀도'를 높이는 공간이고 자신을 바라보는 시간인 거야. 미안한 마음과 기쁨으로 집에 돌아오자 남편이 제의를 해. '우리 일주일에 이틀씩만 서로 떨어져 지내자, 서로에게 좋은 시간'이라고. 여자는 걱정이 되는 거야. 남편도 그렇게 느꼈다는 것에 대한 불안감과 이틀이 사흘이 되고 나흘이 될까 봐. 누구나 상대가 자유를 느끼려 하면 불안한 거 아니겠어.

결혼이나 사회가 만들어내는 페르소나가 활력일 수도 있지만 억압과 고통이 되는 거잖아. 역할밀도가 커서 자기밀도가 약한 사람이 우울증에 걸린 것을 나는 많이 봐왔어. 그래서인지 그 대목이 반가웠어.

일주일에 단 하루만이라도 자기만의 방을 갖거나 내밀한 자아를 위해 몰두하는 거. 독신이 '2인 이상 주문'이라고 써진 전골 메뉴 앞에서 맥없어지고 삼겹살집에 혼자 들어가 삼겹살을 구워먹기 어렵듯이 4인용 식탁에 언제나 앉아야 하는 사람도 이유를 대고 양해를 구하지 않으면 이해받지 못한다는 것이 힘든 거잖아.

타인적 삶을 사는 중에도 하루쯤은 독신의 방을 만드는 거지. 서로 간섭도 미련도 없이 자유롭게. 철저히 정신적 독신으로 사는 거야. '능력 있으면 혼자 살아'라는 말에는 경제 말고도 고독이 포함돼 있는 말일 거야. '고독은 결핍이 아니라 능력이다'라고 말한 사람도 있어.

일주일에 단 하루만이라도 4인용 식탁에서 내려와야겠어. 나만의 '치타델레'를 갖고 그 안에서 독신이고 싶은 거야.

아직도 이러는 나를 보니 아주 겉멋만은 아니었나 봐.

너머

 동사에 정지의 관념을 주사하여 마무리하면 명사가 된다. 전성 명사, 애초엔 동사인데 명사로 바뀐 것이다. 혹자는 전성이라는 데에 반감이 있을지 모른다. 마음의 바닥에서, 이런 단어들이 인생은 아름다운 거라고 읊조리는 것을 느낀다.

 '자다'에서 전성한 잠, '꾸다'에서 전성한 꿈, '살다'에서 삶, '죽다'에서 죽음, '아름답다'에서 아름다움, 그리고 춤, 그리움, 슬픔, 기쁨. 굳어져 단어의 초석이 되니 든든하다.

 움직이는 것을 ㅁ 속에 정지시켜 흐트러지지 않게 하면, 마음까지 정갈해진다. 생활 속에서 비껴나 객관화된 시각으로 바라보게 하는 마력이 있다. 한가하거나 행복한 고독을 느낄 때, 삶의 모습들이 정지된 액자 속 수채화처럼 전성 명사를 바라본다.

특별히 좋아하는 단어는 '너머'이다.

'넘음'이 아니고 '넘어'라는 동사의 활용상태가 그대로 굳어진 명사. 명사형 동사 '넘음'은 넘어 버린 상태지만, 명사 '너머'는 넘지 않은 상태에서 바라본 기대, 호기심, 그리움이다.

넘어 버린 후의 시선이 아닌 넘기 전 시선, '너머'.

어릴 적 어머니가 즐겨 듣던 노래, '산 너머 남촌에는 누가 살길래, 해마다 봄바람이 남으로 오네'는 향기로웠다. 콧소리로 들뜬 노랫말이 몽환처럼 귓가를 간지럽게 했다. 두근거리는 가슴에 무지개처럼 묻고 살아서인지도 모른다. 그래서 창 너머, 강 너머, 산 너머, 고개 너머가 맑게 느껴지나 보다. 너머는 희망을 예고하지만, 알 수 없는 절제도 준다. 흥분되지만 고요한 시선이다.

너머를 현실 속에서 가까이 느낄 수 있는 방법은 유리창 너머이다. 무덤덤한 일상의 스케치 사이에 유리라는 벽이 가로놓이면, 유리창 너머가 된다. 유리창은 벽이면서 통로이고, 한계이면서 넘볼 수 있는 희망이다.

인간은 유리를 발견하여 생활 속에 사용하면서 색다른 정서를 느끼게 되었다. 채광도 획기적이지만 벽을 통해서 다른 곳을 볼 수 있게 한 것은, 음악이 인간에게 주는 풍요만큼이나 생활의 질을 순화시킨다. 면벽수도를 하는 수도승도 있지만, 많은 사람은 일상 중 유리벽을 통해 사색에 잠기곤 한다. 조심스러운 보호막이며 현실을 거칠지 않게 해주는 기적이 있다.

이젠 유리의 벽이 없는 집은 없다. 유리창 너머는 희망처럼 집에 함께 하며 행복의 출구 역할을 한다.

유리창 너머에 투명한 아름다움이 존재한다.

유리창은 쏘아 대는 햇살을 무조건적으로 출입시키지 않는다. 강렬함을 여과시킨 따스함의 향기만 창안으로 들여놓는다. 바람의 거센 항의나 스산한 울음도 숨죽여, 움직임만 걸러 보낸다.

시내버스의 차창에 기대어, 기차 차창에 기대어, 커피숍의 창가에서, 아파트 창가에서, 계획된 한가함으로 바라본다. 유리창은 있는 그대로를 보여 주는데 일상들은 차분하게 다가온다. 그 이유가 투명한 막에서 오는 걸 보면 신기하다.

뛰어가는 모습에서, 흐느적거리는 모습에서, 마주보는 모습에서, 다투는 듯한 모습에서, 기다리는 모습에서, 지친 듯한 모습에서마저도 아름답다. 그것은 유리창 너머로 바라보는 자의 여유로움이다. 불필요한 잡념을 잠재운 시선이다. 마치 음악에서 가사가 빠진 연주곡이 영혼을 울리는 것과 같다.

가랑비가 오면 알게 모르게 유리창에 흔적을 남기지만 솜털처럼 가볍게 마음만 흔든다. 빗살무늬로 소나기가 내리면, 소리를 차단시켜 절규나 슬픔의 연유를 눈치채지 못하게 한다. 흥분하지 않고도 충분히 즐길 수 있는 절제된 감상.

창 밖에 어둠이 내리면 많은 형체가 창속에 숨어 버리고 자신의 실상을 드러낸다. 거울과 같은 어색한 절망이나 어색한 희망을 보게 한다. 창 너머의 타인이 불켜진 창안의 실체를 들여다보면 또 다른 '너머'가 된다.

창 안의 풍경은 아름답다. 들여다보는 모습도 아름답다. 직설을 피한 '너머'이기 때문이다.

너머가 있는 한, 깨끗한 마음을 조금이라도 붙들어 둘 수 있을 것 같아 안심이 된다.

차가 지나다닌다. 사람들이 어디론가 걸어간다. 엉키듯 삶이 그 속에 짜여졌다 해도 햇살이 침투되어 있는 한, 수월하게 풀릴 것 같다.

바람은 옷자락이나 나뭇잎에 묻어 보일 뿐, 햇살만 가득 보인다.

소리는 예의를 지키는지 다소곳하다.

나는 지금 유리창 '너머'를 바라보고 있다.

까불어라 까불어라
나는 손톱입니다
속아도 꿈결
생각하면 마렵다
즐거운 미스터리
속은 얼고 땀은 나고
맏이
먹여주는 여자
노래로 놀자
예쁜 것이 착한 것?

까불어라 까불어라

 까불러라 까불러라. 위 아래로 흔들어라.
 위 아래로 키를 흔들며 바깥으로 밀어주었다가 살짝 몸 쪽으로 당겨주면 바람도 그 사이에 길을 만든다. 알곡은 알곡대로 키의 안쪽 우긋한 곳에 모여들고 쭉정이와 검부러기는 사뿐사뿐 바람에 편승한다. 알곡의 낱알들은 들썩거리고 널뛰다가도 제 무게로 모여 앉고 쭉정이나 검부러기는 가벼움으로 키를 떠난다. 까불러라 까불러라. 가벼움이 알곡을 남게 한다. 바람이 있는 날이면 바람을 비스듬히 등지고 서고 바람이 없으면 키로 바람을 일으켜라. 알곡은 까르르 까르르, 검부러기는 후련한 리듬을 탄다.
 까불어라 까불어라. 까불어야 좋아하는 세상이다.
 점잖은(젊지 않은) 사람보다 까불어서 검부러기를 날려주는 사람을 좋아하는 세상이다. 방정맞다고, 가볍다고 무시한 게 그제인데, '까불지 말고 점잖게 있어야 한다'고 어릴 적부터 들은 말은 이제 보니 영양가 없는 말. 이제는 까부는 사람이 인기다. 알곡을 고르는 진지성 위에는 검부러기를 바람에 날려 보내는 희극성이 있다. 사람들은 그것을 좋아한다. 가벼운 말과 방정맞은 행동이 너의 숨은 진지성을 덮을 때, 그 부조화가 나의 경직된 관념을 흔들 때, 너도 웃고 나도 웃는다. 습관적으로 잘 까불지 못하고 잘 웃지 않는 사람은 이제는 한 수 아래이다. 개그맨들을 보아라. 까불고 웃겨서 돈도 번다. 웃고 싶은 사람들에게 순수한 웃음을 선물하고, 목소리를 터지게 할 때 검부러기도 날아간다. 목소리 중 가장 아름다운 목소리는 웃음소리이다. 살수록, 나이 들수록 웃을 일이 뭐 그리 많을까. 성공한 일이나 남보다 잘한 일이 잠시 웃게 하지만 순수한 웃음이 아니다. 경쟁에서 이긴 웃음은 조심스럽고 상황에 안 맞는 웃음은 원망을 만든다. 함께 웃으려면 까불어야 한다. 키를 흔들며 바람을 타고 바람을 만들듯 까불어야 한다. 가볍게 마음을 열게 하고 이탈하게 하여 고매해지려고만 하는 인격의 위선을 정지시키고 껍질을 까서 편하게 저속해지는 바람을 타게 해야 한다. 검부러기들이 멀리 날아갈수록 우리는 그 간격에 얼굴을 들이밀고 231개의 안면 근육을 움직여 웃는다. 근육이 움직일 때 알곡도 모인다.

그러나 또한 너무 찧고 까불면 난처하다.

알곡을 부수고 박살내면 남는 게 없다. 알곡을 지키며 까불어야 한다. 몸도 비틀었다 스르르 풀고 말도 비틀었다 스르르 풀며 까불어라. 남의 맘을 비틀고 잘못 풀면 진분을 되받아야 한다. 오직 자기의 허섭함을 활용하면 족하다. 그래야 내가 웃고 네가 웃는다. 안으로 간직한 내공과 까불어 내민 힘이 탄력 있게 협조하도록 키질을 잘해라. 내민 힘만 크면 알곡도 박살나고 쭉정이와 함께 엉겨 날아갈 것도 남을 것도 없다. 맘이 닿지 않는 곳으로 둥둥 떠다니며 까불지 마라. 여기 찔끔 저기 찔끔 눈동자 쉽게 돌리고, 몸짓 쉽게 돌리고, 입을 내밀며 까불지 마라. 너무 찧고 까불면 키질을 제대로 한들 남는 것은 쓴웃음뿐일까 걱정이다.

까불어라. 까불어라.

인간만이 가진 웃음의 근육을 움직이게 하라. 아리스토텔레스가 말한 '웃는 인간'임을 즐겁게 확인하고 싶다. 키질을 잘 못하는 사람은 - '유머가 없는 사람은 스프링이 없는 마차와 같다'고 했다. 이젠 점잖게 숨어있는 유전자를 꺼내어 까불어라. 그래야 몸이 건강해지고 맘도 남는다. 애초에 키질은 삶을 위해 알곡을 고르는 부지런한 움직임이었으니까.

검부러기 사뿐히 날아가 쌓인 모습도 기분 좋은 아름다움이더라.

나는 손톱입니다

 당신은 오늘 외출할 때 나 때문에 고민하는 눈치였다. 어젯밤 나는 당신의 염색한 머리를 헹구며 머리칼 사이로 헤치고 들어가 두피를 문질러 주었다. 톱니를 살짝 세워 통증과 쾌감이 교묘히 만나는 장소로 당신을 데려갔지만 검은 염색약이 나마저 물들여 놔서인지 당신은 눈살을 찌푸렸다.

 그럴 것 없다. 나도 내가 호사스런 태생이 아님을 알고 있고 열심히 일하고 난 뒤의 흔적에 수치를 느낄 때도 있다. 아침에도 식탁에 말라붙은 음식물을 긁어내고는 찝찝했지만, 닦아내면 그만이라고 위안했다.

 나는 내 능력에 자부심은 갖고 있다. 수식을 붙이자면 만능 손톱 아니겠는가. 약하긴 하지만 공구세트 하나쯤과 맞먹을 수 있으니 당신은 나를 즐겁게 닦으면 된다. 연장이란 쓰고 나면 잘 아껴줘야 하는 법이다.

닦고 정돈한 후엔 나의 본색이 끌과 톱이었고 호미와 가위였고 칼과 갈고리였다는 것을 잊어도 된다. 섹시한 신체의 일부거나 장식품이길 원한다면 나도 함부로 행동하지 않아야 한다는 것쯤은 안다. 머리를 긁는다든지 콧속을 만진다든지 몸을 긁적거린다든지 그리고 은근히 갈아놓은 톱날을 세우며 짐승의 발톱과 같은 기능이 있다는 -오래된 야수성의 근원을 일깨우는 인상을 준다든지 하는 - 인식을 주지 않으려고 애쓴다. 나도 당신의 손끝에서 철이 좀 들었다.

유일한 야수의 흔적인 손의 톱, 이것이 나의 매력이다. 나의 몸은, 손가락에 붙어있으면서 혈액의 붉은 빛을 내비치는 곳과 그로부터 더 나와 있는 부분이 있다. 힘은 전자前者에서 나오고 개성과 매력은 초승달 모양의 여분 후자後者에서 나온다. 하루 0.1mm 이상 끊임없이 자라니 난들 다소곳하기가 쉽지 않다. 파고 싶고, 긁고 싶고, 풀고 싶고, 할퀴고 싶고, 자르고 싶고, 끊어내고 싶고, 집고 싶어 간질간질하다. 머리카락과 새의 깃털과 황소의 뿔처럼 죽어있는 세포라는 것이 믿기지 않는다. 알지 않는가. 내가 촉각도 없이 하루 종일 예민한 일을 대신해준다는 것을.

그래서인지 당신은 나를 무단히 써먹긴 해도 함부로 대하진 않는 것 같다. 당신의 몸에서 지금도 자라나는 것, 당신 마음대로 자를 수 있는 것은 손톱과 발톱과 머리카락이다. 당신은 가끔 엉킨 머릿속을 정리하기 위해서 머리카락을 희생양으로 삼는 일이 있다. 충동적으로 잘라내고 나서 마음에 안 드는 낯선 머리를 보면서 이전의 당신과 생이별 하는 걸 보았다.

그런데 나와의 이별은 좀 달랐다. 나를 톡톡 끊어낼 때면 마음의 수런거림이 없어 보였다. 바쁜 일상의 끝을 날려 보내듯 개운해 하는 것 같았고 게으름의 싹을 자른 듯 행복해 보였다.

한 줄기 아린 따가움이 있는지 모른다. 어릴 적 친구의 얼굴을 할퀴었던 기억이나 동물적으로 공격하고 싶을 때 힘을 줬던 기억 때문이다. 손바닥이나 손가락이었어도 됐던 공격에 내가 끼어든 기억 때문이다. 미안한 기억이 더 자라지 않게 자르는 것 같았고 미래에 일어날지 모를 공격성을 예방하며 자르는 것도 같았다.

어느 날 당신은 매니큐어를 바르고 있었다. 한참을 바라보더니 아세톤으로 닦아냈다. 당신은 좀 놀라고 실망한 듯했다. 화려한 손톱에 비해 많이 늙어 보이는 손등을 보았던 것이다. 나는 생명 없이 자라서인지 쉽게 늙지는 않는다. 당신의 머리보다도 빨리 조건반사에 임해야 하고 체내의 중금속도 배출해야 하고 건강상태까지 슬쩍 노출해주다보니 바빠서인지 손등의 나이보다 언제나 젊어 보인다. 다행인 것이다. 죽을 때까지 움직여야 하는 당신은 손등의 주름을 잊고 나의 여전함만 더 좋아하면 되지 않는가.

이제 괜찮다면 힐끗힐끗 보아왔던 네일숍으로 가도 좋다. 나는 귀걸이나 목걸이처럼 소란스럽게, 자존심을 잔뜩 물들이고서, 찬란한 채광을 받는 테라스 지붕처럼, 연장이 아닌 장식품으로 화사하게 태어날 것이다.

그리고 조금씩 잊을 것이다. 내가 연장이었다는 과거를. 원한다면 얼마든지 섹시한 모습으로 당신의 체면을 세워줄 생각이 있다. 당신의 얼굴이 마음의 색깔을 말해주고 당신의 손등이 살아온 인생을 말해주듯 당신의 손톱인 나는 현재의 건강 상태나 마음의 여유를 말해줄 테니까.

당신이 원할 때면 나는 언제라도 톱으로 돌아갈 마음의 자세가 돼 있다. 당신의 몸과 마음의 가장 끝에서 여전히….

속아도 꿈결

 어제 TV에서 날씨 예보를 봤는데 헛것을 봤다. 기상캐스터의 몸매와 말씨만 보다가 기억 속에 넣지 못했고 아침부터 들어온 햇살이 베란다에 달라붙어 있어 밖에도 온통 햇살로 가득한 줄만 알았다. 이렇게 바람이 많이 부는데… . 나서기 전, 내가 있던 실내 온도가 겉이었다면 여기 밖은 '속'인 셈이었다. 온도를 내 안의 기분으로만 체감하고 나섰으니 난 이 골목에 서성이는 일이 횡하다.
 '가구거리'라서 가구의 모든 것이 다 있으리라 생각한 것도 속을 몰라서였다. 속을 알려면 일단 들어가 봐야 하는데 겉은 속을 드러내려는지 보호하려는지 상호나 광고 같은 요란한 껍질을 두르고 있었다. 얇기도 하고 두껍기도 하고, 속이 조금 비치기도 하고 아무 것도 안 보여 아예 없는 것으로 보이기도 했다. 나는 그것을 까보아야 하는 수고가 헛수고였음을 반복 끝에 알게 되었을 때 피곤이 몰려왔다. 막다른 가게를 돌아 이 거리를 포기하려 했는데 호객 행위를 하는 아저씨를 만났다.

"이리 오세요. 다 있어요. 무얼 찾으세요?"
"간단한 살림 찾는데 이 동네에는 없네요."
"일단 들어와 보세요. 그런 거 마침 우리집에 다 있어요."
'헛수고 한 번 더 하는 셈 칠까' 하며 들어갔다. 맘씨 좋은 동네 개그맨 같은 그 남자에게 웃어주지 않을 수 없어 한 번 웃어주고 대꾸하지 않을 수 없어 어쩌다 대꾸 해준 것뿐인데 어느새 나는 그 매장 안의 가구가 아닌 카탈로그 속의 가구를 보고 있었다. '뭐든 다 있습니다'가 실현되고 있는 순간이었다. '뭐든 다 있는' 카탈로그는 나에게도 있었다. 인터넷을 뒤적거리다 실제로 보고 사는 게 낫다 싶어 떠나온 길 아니었던가. 속을 좀 어루만져보고 살려했던 것 아니었던가.

속을 대충 파악하면 결정을 내려야하는데, 그 타이밍을 살짝 넘긴 것 같았다. 적당한 크기와 색깔의 소파를 발견했다. 카탈로그 속 소파는 분명 '이것은 소파가 아닙니다. 사진입니다'라고 르네 마그리트처럼 명징하게 말했을 터인데 알아듣지 못했다. 나는 속과 겉을 분간치 못한 걸음걸이로 그 가게를 나와 큰일을 마무리했다는 안도감으로 며칠을 보냈다.

박스가 뜯기기 전 살짝 흥분 되었다. 몸체가 다 드러났을 때 '어, 잘못 온 거 아닌가요?' 했다. 눈에 고여 둔 카탈로그 속 색감도 맘으로 기다린 이미지도 아니었다.

이런 일이 있을 때마다 나는 얼마나 내 자존심을 위로하며 '그냥 쓰자' 해버렸던가. 이제는 그렇게 헐렁하게 살지 말자 결심을 하고 반품을 요구했다. 사실이지 나는 맘에 그런대로 들었다면 실제 색과 사진이 다르다 해도 또 그냥 쓰자 했을 것이었다. '반품은 안 되며 바꿀 수는 있는데 운반비를 다시 내야 하고 '매장에 다시 나와 카탈로그를 보시라'는 등 그쪽에서는 우리가 귀찮은 존재인 양, 되레 나를 귀찮게 만들기 시작했다.

어쩐다… 싸울 일을 귀찮아하고 당당히 맞서지 못한 이 찜찜함을 지우려면 나는 나에게 살짝 속아줘야 했다.

'지금 침대 커버 색과 안 어울려서 미워 보일 거야. 커버를 바꾸면 괜찮을지도 몰라. 그냥 쓸까?' 결국 나는 나로 돌아왔다.

어차피 속을 다 알 수는 없는 것, 영화 '거짓말의 발견'에서처럼 속을 다 드러내는 일이나 속을 다 알아내려는 것도 위험하고 속절없는 것일 게다.

내가 알고 있던 겉과 실제 속이 다르게 느껴졌을 때 - '속'을 몰랐을 때 - 그것을 '속다'라고 표현하는 게 신기했다. 속은 것도 속인 것도 크게 없는데 생긴 이 괴리가 세상살이 같았다. 신神도 속을 숨기고 아브라함을 테스트했으니 나 자신과 사물과 타인의 '속'에는 서술형어미 '다' 한 글자 붙기는 쉬운 모양이다.

 속을 알기 위해 살고 있는지 모른다. 하루의 속을 알기 위해 아침을 맞고, 사람을 만나고 전화를 하고, 일을 하고, 속을 알기 위해 글을 읽고 쓰고, 속을 알기 위해 병원에 가고 밥을 채우고 화장실에 간다. 속을 알기 위해 종교를 갖고 자식과 부부와 다투고 타인과 다투고 하느님과도 다툰다.

 얼마 전 알게 된 노래가 자꾸 입에 매달렸다. 지금의 내 '속'과 그리 어울리지 않는 노래인데도 말이다.

> 산책길을 떠남에 으뜸가는 순간은/ 멋진 책을 읽다 맨 끝장을 덮는 그 때/ – 이를테면〈봉별기〉의 마지막 장처럼/ 속아도 꿈결 속여도 꿈결/ 굽이 굽이 뜨내기 世上/ 그늘진 心情에 불 질러 버려라/ 속아도 꿈결 속여도 꿈결.

 그래 그래,〈봉별기〉의 마지막 장면처럼 '속아도 꿈결 속여도 꿈결'인 거다. 작가 이상이 금홍이와 그랬던 것처럼 속인 것도 속은 것도 그리 없는데도 세상의 속이 그렇다면….

 '속' 때문에 우린 여행을 하는 거니까.

생각하면 마렵다

 버스는 오직 길 위에서만 살았다. 가고 또 가고 살고 또 살고.
 인도의 캘커타에서 뉴델리로 가는 길은 멀었다. 먼 길을 가고 또 가고, 살고 또 살고, 하느라 길 위에 있을 때 버스도 마려웠던 거다. 길 위에 사람들을 내려놓는 것은 마려운 일들을 함께 해결하자는 협약이었다. 버스는 사람을 토해내고 사람은 자신의 원초적 자유를 느꼈다.
 "자 이곳에서 잠시 쉬니 용변을 보십시오, 다음은 2시간 후에나 쉽니다."
 두 시간은 무섭지 않았다 해도 위력은 대단했다. 갑자기 신장이 꿈틀대며 복종의 몸짓을 했다.
 두 시간 동안 차창 밖으로 마주치는 까맣고 커다란 꼬마들의 눈과 청년의 눈을 종종 보며 달려왔다. 갈망을 묻었던 그들의 어머니와 천민들이 떠올랐다. 갈망을 가르쳐준다면 알 수 있을 거라는, 나도 당신들처럼 어디론가 버스를 타고 차창 밖 세상을 볼 수 있을 거라고 말을 하고 있는 듯한 눈빛을 읽고 있는데, 내리라니 나는 또 마려울 준비를 했다.

'지금 나는 마려운가.' 가이드의 멘트를 들으면 짐짓 점검해 보지만 어리석은 생각이었다. 커피도 반 잔만, 물도 속 시원찮 게, 과즙이 많은 것도 피하고 호텔서 나오기 전 다시 한 번 동숙자와 번갈아가며 화장실에 들어갔다 나오고, 마려울 일에 대비를 잔뜩 하고 나온 길이었지만 '마렵지 않다'라는 확신은 얼마 안가서 나를 쩔쩔매게 만드는 복병일 게 뻔한 일이었다. 몸에서 흘러가는 수분과 맘에서 증발하는 수분을 내 계획대로 어찌할 수 할 수 있다고 생각한다면 바보가 되기 쉬웠다.

버스가 쉬면 당연히 내려야 했다. 버스는 여행자를 툭 툭 뱉어내고 비운 공간에 그 땅의 기운을 다시 채워 넣었다.

돌담집 앞에서 버스가 서면 돌담집 그늘이나 덤불 곁으로 모여들었고 주유소에서 서면 한 줄로 서서 시간을 밀어내며 기다렸다. 간절함도 없이 기다린다는 건 참 재미없는 시간이 었다. 과연 두려워했던 양이란 게 얼마만한 것이었나를 알고 실망도 몇 번 했다. 겨자 꽃이 만발한 끝없는 들판에 우리를 흩어놓으면 우리는 멀리 멀리 가고 또 갔다. 돌아오는 길은 아름답고도 쑥스러운 겨자 꽃길이었다. 밤이 되어서도 버스는 우리를 내려놓았고 우리는 마려웠고, 어둠 속에서 덜 부끄러워하게 된 걸 다행이라며 달빛 아래에서 편안해했다.

다음 날도 그랬다. 그러다 나는 마렵다는 의미를 잃어가고 있었다.

마렵기 전에 해결하다 보니 마려움에 대한 욕구나 기능이 희미해져 갔다. 마려울 일에 대비한 두려움만 키워 버스가 쉬면 나도 마려운 것 같았고 해결했다고 안심은 했지만 개운함을 느끼지 못했다.

여행을 떠나기 전, 나는 말을 타고 멀리 멀리 가서 해결해야 할 것이 있는 사람 같았다. 몽골에서도 '큰 말'과 '작은 말'을 뜻하는 단어가 있다. 말을 타고 가 좀 떨어진 곳에서 큰 일과 작은 일은 본다는 의미로 '말 보고 싶다'고 한다. 그처럼 나도 이 자리를 떠나 시원하게 해방되고 싶은 갈망, 그것 때문에 떠나고 싶었고 떠났고 그 자리에 있었다. 그리고 시인의 입이나 갈증이 난 사람들의 입으로 '마렵다'라는 말을 하기 시작했을 때, 나도 감동도 마렵고 꿈도 마렵고 눈물도 마렵고 설레임도 마렵다는 말도 안 되는 어법을 맘속에서 쓰기 시작했다. 다급증이 일었을 때 떠난 것이었다.

마려운 것을 풀어낼 자유란 예상한 곳에 있지 않았다. 약속이 앞뒤를 묶어 놓은 곳에선 쉽지 않았다. 두 시간마다 화장실에 가서 미리 마려움에 대한 불안을 해결했던 것처럼 여행도 또 하나의 예상과 예약에 대한 시간 맞춤이었고 사람과의 거리 맞춤이어서 마려움에 대한 간절함과 해소 뒤의 후련함이 뚜렷

해지지 않았다. 안전한 해소가 후련한 해소를 주지 못하는구나, 하면서 나는 길 위에서 버스가 설 때마다 오르고 내렸다. 비우고도 후련하지 않았다.

아마 나는 더 멀리 멀리 말을 타고 가서 시원하게 용변을 보고 싶었나보다. 오는 길에 겨자 꽃을 바라보며 전혀 쑥스럽지 않은 빛으로 더 가볍게 걸어 나오고 싶었나 보다.

아직도 마려운 듯한 느낌이 남은 것은 내 맘속의 엄살과 '마렵다'의 전령이 습관처럼 수선거려서인가보다.

아득히 멀었던 겨자꽃 들판이 가슴에 남아서이기도 하고….

즐거운 미스터리

주머니는 옷에서 치자면 곁방살이지만 그런대로 세력은 있다. 언어의 협곡을 지나고 소용돌이를 돌아 나온 '줌', 제 이름을 지켜온 내공은 공간이 갖는 은밀한 기운 때문이다. 한 줌 손이 들어가는, 한 줌을 크게 넘지 못하여 크다 할 수도 없지만 비밀을 숨길 수 있으니 미스터리 공간이다.

중국에서 온 것은 호주머니, 서양에서 온 것은 양복 주머니, 폼 잡는 사람들은 포켓이라고도 하고 좀 촌스럽게는 사투리로 봉창이라고 말하지만 다 괜찮다.

천에 따라, 위치에 따라, 내용에 따라, 심지어는 추상적 마음에 따라도 세력을 꽤나 넓히고 있으니 속 넓은 자루처럼 다 받아도 될 듯하다. 넣고 꺼내는 즐거움과 간직하고 툴툴 터는 즐거움이 공존하는 미스터리 공간이다.

사용자의 속셈을 생각해 은밀함을 보태거나 용도에 편리성을 만나게 하면 주머니는 제 위치를 잡는다. 안주머니, 속주머니, 옆주머니, 뒷주머니, 앞주머니. 가볍게 간직해도 되는 것은 바람이 통하는 곳에 걸쳐두고 깊숙이 감추어야 할 것은 체온이 흐르는 곳으로 파고든다.

 용도와 체면을 생각하면 천의 종류도 제각각이지만 더 특화된 것은 추상을 담는 주머니이다. 화려했다가도 누추해지고 단단했다가도 말랑해지는 주머니가 있다. 복주머니, 눈물주머니, 웃음주머니, 이야기주머니, 꾀주머니, 고생주머니, 심술주머니….

 작정을 하고 꿰맨 것도 아닌데 몸 어딘가 마음 어딘가에 매달려 있다가 제 멋대로 열리고 닫히니 그것도 미스터리이다.

 아무래도 그 무리들이 재물을 좋아해 왔던 건 확실하다. '주머니가 비었다'거나 '주머니가 넉넉지 않다'거나 '주머니가 가볍다' '주머니가 든든하다'는 비유, 그 무게로 우리 맘의 주름을 쥐락펴락한다는 사실은 미스터리다.

 카렐 차페크의 말처럼 무슨 일이 일어났다면 그것은 사실일 테고 평범하고 아무 일 없는 일상이 계속된다면 그것이야말로 미스터리인 것처럼 주머니에서 무엇을 꺼냈다면 사실이겠지만 그전의 주머니는, 미스터리이다.

 주머니는 손이 들어가야 살아나고 손이 나와야 살아간다. 나는 주머니에 손 넣는 것을 유난히 좋아한다. 머리로부터 내려와 마음에 젖고 팔로 흘러내린 어떤 것이 손가락 끝까지 와서 주머니 안으로 들어가면 그것은 나만이 아는 체온이다. 차가운 손끝이었다 해도 따뜻하게 간직되는 느낌을 좋아한다. 외로움이든 자유든 무거움이든 홀가분함이든 그저 한 줌이 되어 모아진다. 그 느낌에서 위로를 받는다.

요즘은 가방이 나와서 좀 뜸하긴 해도 믿을 만한 것을 넣고 내 한 줌 체온과 함께 여전히 쾌감을 즐긴다. 가벼운 산책이나 동네 근처에서 일을 볼 때, 스스로 가벼워지고 싶을 때 주머니에게 무게를 맡겨보는 것이다.

잊었던 찌꺼기도 만난다. 은밀히 보관한 것, 별스럽지 않아 주머니 안에 방치되었어도 무방했던 것이 있다. 손이 들어가다 과거에 찔린다. 내가 좋아하는 자작나무로 만들어졌든, 날카로운 중국산 대나무이든 요긴함 때문에 체면 불구한 요지이거나 누군가가 건네주어 씹었던 껌의 무덤도 꺼낸다. 아니면 뒷사람을 위해 얼른 비켜주느라 바쁘게 넣어둔 영수증을 꺼내고 동전 몇 개까지도 꺼낸다. 사소한 과거를 쓰레기통에 던지고 그제야 나는 과거를 털고 홀가분하게 목적을 채운다.

휴대폰이나 카드 하나, 몇 장의 지폐 정도를 접어 넣는다. 가방이 없는 어깨는 나를 가볍게 하고 주머니에 들어간 내 손은 걸음의 속도를 조절한다. 흐느적거려보며 다섯 손가락으로 퍼지는 자유를 꼼지락거려 본다. 그러면 내가 내 체온 안에 있는 것 같아 행복하다.

주머니는 별일 없고서는 거의 두 개다. 왼쪽 주머니엔 여유나 안온함, 자유, 내려놓음, 멀리 봄, 이해를 넣고 오른쪽엔 자존심, 명예, 물질, 방법, 목적 등을 넣는다. 내가 주머니에 손을 넣고 나갔다 들어오는 일은 두 개의 평형을 유지시키고 싶은 날이다, 오른쪽의 것들을 만지작거리며 나섰지만 왼쪽을 만지며 돌아온다. 그래서 주머니는 미스터리다.

돌아와 주머니에서 한 줌 체온을 빼내고, 한 줌의 사실을 빼내고, 다시 미스터리를 꿈꾸게 한다.

지금 주머니는 옷걸이에 걸린 과거로 있고 지금의 미스터리를 즐기고 있다.

속은 얼고 땀은 나고

 움직였으므로, 생명체가 있음을 알아차렸다. 물고기가 톡, 톡, 톡, 스타카토로 몸을 움직일 때마다 내 눈이라도 건드린 것처럼 나는 눈을 꿈뻑했다. 어항은 좀 촌스러웠지만 살아있는 것을 볼 수 있어 신선했다. 얼마 전 엄마는 도둑고양이에게 밥을 주고 정을 주었다가 어느 날부터 오지 않자 괜한 공허하나 끌어안고 지내더니 작은 어항을 갖다 놓았다.

 들여다보니 맘은 경쾌해졌는데 시야가 흐렸다.

 "물이 흐리네, 물 갈아줄 때 수돗물 그대로 쓰면 죽으니까 하룻밤 가라앉히고 써요"라는 나의 말이 떨어지자 엄마는 어항을 번쩍 들고 부엌으로 갔다.

 바가지에 어항을 기울여 들이부었다. 물만 쪼르륵 어항에서 빠져나갔고 물고기는 따라 나가지 않았다. 유속에 놀라 필사적으로 역류해 벽을 붙잡았는지 어항 벽에 찰싹 붙어 있었다. 실치포 같기도 했고 어쩌면 시체라고 하기조차 성에 안 차는 작은 지푸라기 같은 거였다.

물을 갈아주려다 다 죽인 꼴이 된 것 같아 엄마와 나는 당황하였다. 바싹 얼어붙은 마음은 '수돗물은 안 된다'라는 생각만 붙잡고 있었나 보다. 정수기 물을 잽싸게 받아 어항에 한 컵을 들이붓고 말았다. 벽에 붙어 있는 물고기를 물에 띄워야겠다는 급한 맘이었다.

물고기는 벽에서 떨어졌으나 둥둥 떴다. 스타카토는커녕 가볍기 짝이 없는 무게로 배를 내밀고 떴다. 등도 있고 배도 있었을 거라는 생각을 하지도 못할 만큼 작은 것이 배를 내밀었다.

"안 움직여요, 다 죽었나봐. 어쩌지."

"아, 정수기 물이 너무 차구나."

순식간에 이 작은 물고기를 다 죽이고 보니 죄책감과 절망감이 왔다. 엄마는 원래대로 되돌려지길 바라는 간절한 마음으로 바가지에 있던 물을 다시 어항에 들이부었다. 물고기는 마찬가지로 둥둥 떠 있었다.

황망한 부유물만 바라보았다. 몇 초가 지났을까.

하나 둘 물고기가 움직였다. 그리고 모두, 움직였다.

'찬 물에 기절했었구나.'

그 작은 물고기의 충격을 내가 모를 리가 없다. 얼기로 치면 우등생이었던 나다.

마늘 줄기 삶은 물에 동상으로 언 발과 손을 녹이는 일이나 언 맘 때문에 생긴, 죽기보다 싫은 수치심을 녹이려고 이불 속에서 애쓴 적이 많은 나였다.

초등학교 음악시간, 선생님은 풍금에 맞춰 한 소절씩 따라 부르게 하고 마지막 소절까지 다 부르고 나면 "누가 나와서 불러볼까" 하셨다. 아이들은 "권현옥이요" 큰 소리를 질러댔고 나는 그 순간부터 얼기 시작했다. 내 음은 자리에 앉아있을 때와 아이들 앞에 서 있을 때가 달랐다. 바들바들 떨리는 몸으로 자리에 돌아와 앉으면 왜 그렇게 얼어서 그렇게밖에 부르질 못했는지 속이 상했다. 마늘 줄기 삶은 물에 언 손발이 차츰 녹아간 것처럼 그렇게 적응이 되어 가리라 기대도 했다.

그러나 얼어버리는 반응은 여전했다. '누가누가 잘하나' 방송프로를 우리 학교에서 녹화할 때 나는 떠밀려 마이크 앞에 섰다. 입이 얼어서 떨어지질 않았다. 한 번의 기회를 더 주며 전주가 끝나갈 무렵인데도 첫 음은 언 채로 목을 막았다. 드디어 토한 건 눈물과 함께 "으앙"이라는 처참한 가사뿐이었다.

그 일이 있은 후, 수치심을 숨기려 했지만 낯가림이라는 솔직한 놈은 늘 함께 다녔다. 이겨보려고, 아니 어울려 보려고 방송국 출입을 하기도 했다. '누가누가 잘하나' 프로에 참석해서 손을 번쩍 들어 용감한 척도 했다. 그러나 얼마나 간절히 안 뽑히기를 바라면서 손을 들었던가. 얼고 난 뒤에는 자꾸 자신만 들여다보는 민망한, 그래서 나는 내 자신에게 조금씩 불편한 아이가 되어가고 있었다.

찬 기운과 어울린 반응 - 얼다, 난 그렇게 시원찮은 반응을 거듭하면서도 따뜻한 기운과 어울린 '어른'이 되었다. 따뜻하고 뜨거운 기운과 어울려 몸과 맘의 반응이 일어나고 드디어 '어른'이 되었다는 것, 완전한 성숙의 어울림이 아니라 해도 어화 둥둥 '얼운(15세기-사랑하는)' 님을 만나 '어른'의 대접도 받아봤으니 한 뿌리의 이 단어가 신기할 뿐이다.

내 삶을 관통해 온 시간은 이제 어우르는 온도도 조금 바꾸었나 보다. 덜 얼기도 하고 조금 더 빨리 녹기도 한다. 속은 얼어 있어도 겉으론 태연한 척도 해진다. 찬 기운에 견딜 수 있는 지방층도 두꺼워졌다.

그러나 아직도 톡, 톡, 톡 움직였던 여린 마음이 남았는지 진땀이 나오는 게 부끄럽다. 속은 얼어 있어 식힐 열도 없는데 땀은 왜 나는지….

맏이

몸에게 물어보라, 무엇이 가장 중요한가? 라고.

온몸의 지체들은 소리칠 것이다. 아주 짧게.

눈, 코, 귀, 입, 볼, 낯, 목, 멱, 뼈, 살, 팔, 발, 숨, 배, 손, 발, 젖, 좆….

외치기도 쉽게 거의 한 글자씩이지만 짧은 아우성으로 겹치고 말아 뭐라고 했는지 들리지 않을 것이다. '몸'이라는 말 속으로 다 들어가 버렸을지도 모른다. 그런데 한 음절씩 뒤늦게 울려 박자를 안 맞춘 것이 있다. 가슴과 머리다. 말이란 쉬운 발음 쪽으로 움직이긴 하지만 왜 '맘', '갓'이 두 글자로 바뀌었을까 내 나름의 심증이 간다. 한 글자로 있기엔 너무 중요하고 치명적이어서 그랬을까. '머리'와 '가슴'은 몸(육체)으로도 맘(정신)으로도 들어가야 해서 그랬을까.

'머리'는 누가 뭐래도 몸의 맏이다. 골이 들어있는 목 윗부분이고, 생각하는 힘이고, 정신의 실체다. '가슴'이 심장이나 폐 부분, 여자의 유방을 말하기도 하고 추상어로서 감정을 말하는 것처럼 머리도 신체의 일부이면서 정신을 말한다. 그 이상의 영靈도 존재하는 집이고 보면 삶의 총괄 책임자, 맏이가 틀림없다.

부침개를 해먹으려고 반죽그릇에 밀가루를 기울여 따르고 나서 다시 봉투를 오므리려니 입구 쪽에서 밀가루 분이 푸르르 날린다. 집게를 가져와 꾹 집어 마감을 하니 기분이 깔끔해졌다. 집게를 쓸 때마다 즐겁다는 느낌을 받는 것은 빨래 집게처럼 아름다운 흔들림을 주는, 흔들리지만 확신을 주는 추억의 집게를 생각해서인가보다.

그런데 그 집게가 내 머릿속 혈관을 집을 줄은 몰랐다.

"집게로 잘 집어 놨으니 이제 안심하고 생활하세요."

의사의 말과 함께 컴퓨터 화면 가득 뜬 내 머릿속 혈관과 두 개의 집게를 보는 순간 안심과 불안이 동맥과 정맥처럼 오고갔다.

"집게가 풀리면요?"

"하하, 안 풀립니다. 걱정하지 마세요."

머릿속의 길, 혈관이 구글 사이트에서 찾아낸 길처럼 훤히 보였다. 큰 길과 골목길, 잎사귀 안의 프렉탈처럼 미세한 길들이 있었다. 목 가운데로부터 뻗어 올라간 큰 길의 중간에 꽈리

모양의 동맥류가 납작하게 집개로 눌려 있었다.

부풀어 오른 동맥류 두 개가 5분 간격으로 터져 뇌수술을 받았다. 믿기지 않은 내 맘은 그 자리에 말뚝처럼 서 있었지만 현실은 모든 과정을 끌고 갔다. 나는 잠시 타임머신을 탔고 그 뒤를 바라보며 충격을 쓸었다.

신은 골을 위해 머리카락과 두피와 두개골을 관冠처럼 씌워주고 심장을 가까운 곳에 두었을 텐데, 그리고 머리에 많은 혈관을 지원했을 텐데, 머릿속에서 혈관의 반란이라니….

그렇게 써보고 싶었던 모자를 그제야 쓰게 되었다. 쓰고 나가려다가도 거울 앞에만 서면 자신이 없어 벗어던지고 현관문을 열곤 했는데 붕대로 꿰맨 모양의 모자라니…. 병문안을 온 가족과 친구들은 천만다행이라며 놀라움을 누르고 우스갯소리로 위로를 했다. '모자 쓰니까 귀엽다'고.

나는 여러 가지로 귀여워졌다. 모자를 쓴 머리가 조금씩 귀여워 보인 것은 맏이의 모자람이 보이면서부터였고 살아있음에 대한 감사 앞에서였다. 삐뚤게 써지는 글씨가, 금방 들은 것이 기억이 나지 않는 것이, 말이 조리 있게 나오지 않는 것이, 한 줄의 문장도 읽지 못하는 고통이, 죽음 앞에서는 귀여운 몸짓으로 보였다.

그러나 귀여움이나 감사의 마음을 파먹는 좀 같은 것이 있었다. 고통이었다. 정신인 줄만 알고 살았던 머리는 수술 후 철저히 몸이 되었다. 몸이 몸임을 고통으로 호소했을 때는 이미 자신의 본분을 다하지 못할 때 지르는 비명이 아닌가. 몸 때문에 정신도 제 정신이 못 되었다.

맏이는 조심스럽게 자신을 관리했다. 머리는 그 모든 것을 통제하는 관제탑이고 중앙정보실이고 소프트웨어이자 하드웨어였지만 이제부터는 하드웨어의 역할로 더 다가왔다. 비가 오기 며칠 전부터 관측소가 되었고 걸을 때는 충격과 속도를 줄이기 위한 방지턱이 되었고 복잡한 사고를 줄이려는 자동 온도 조절기가 되었고 책을 읽으려면 더 단순함에서 행복을 찾으라고 회로를 흩트려 놓는 바이러스가 되었고 피로의 측정기가 되었고 입과 귀의 사용 시간을 제한하는 바로미터가 되었다.

조금씩 나아지자 맏이는 너무 많은 것을 혼자 책임지려 하지 않았다. 맏이는 혼자가 아닐 때 존재하는 것임을 알았고 몸 중의 하나로서 지체의 도움을 받아야함을 알았다.

어수룩해지진 맏이를 위해 지체들이 움직일 차례였다. 팔과 발과 어깨와 등과 허리와 손가락과 목을 열심히 움직여 뇌로 보내는 통로를 잘 닦아놓기로 했다. 맏아들만 믿고 있다가 실망한 우리의 시어머니들처럼 머리가 정신으로서만 중요한 줄 알았던 나의 어리석음을 지체들이 알아차린 것이다. 달리는 기차 안에 앉아있으면 생각이 새로워지듯 운동으로 정신과 몸을 달리게 하니 몸이 새로워지기 시작했다. 몸을 움직이는 일이야말로 지체들이 뇌에게 주는 큰 즐거움과 설렘이었다.

머리는 그 어원처럼 정신으로서도 몸으로서도 최고이고, 첫번째이고, 꼭대기이고, 맏이다. 삶의 질은 이 맏이의 관리능력에서 오는 것이 아니겠는가.

이제 내 머리는 맏이로서 종종 이렇게 묻고 있다. '맏이를 잘 섬기고 있는가'라고.

맏이 역할이 부실하여 철없이 몸과 맘이 움직인다면, 존재란 세상에 외롭게 남아있는 슬픔일 뿐이니까.

먹여주는 여자

불이 있는 곳 - 부엌.

나는 날이 새고 날이 질 즈음이면 자동으로 부엌의 불燈을 켜고 들어가지. 불처럼 사랑을 했을 때의 남자를 위해, 불꽃이 튈 때 생긴 자식들을 위해. 끊임없이 부엌으로 가야하는 운명임을 인정하는 거지. 올바른 깨달음인지 모르지만 꽤 보람 있는 일처럼 느껴져. 식구들의 지친 기력을 회복시켜주고 건강을 유지시켜주고 잘만 하면 더 훌륭한 몸과 맘을 조형할 수 있도록 도와주니 말이야. 논에 물들어가는 것과 자식 입에 밥 들어가는 것처럼 기쁜 게 없다지 않는가.

아무튼, 나는 먹여야 되는 운명을 갖고 태어난 거야. 그래서 부엌으로 매일 매일 오고가고 여러 시간 서 있어.

왜 먹이는 운명이냐는 것은 확실한 증거물이 있어서야.

유방과 자궁을 갖고 태어났거든. 자궁은 생명을 키워내야 하는 거대한 우주여서 깊게 존재하고 유방은 먹여야 하는 운명임을 말하기 위해 구체적으로 존재하지. 아주 사랑스럽고 포근하게. 누구든지 어머니의 자궁에서 나와 어머니의 젖을 먹고 자라잖아. 소의 젖을 먹고 자랐든 어머니의 젖을 먹고 자랐든 젖을 뗀 후부터 또다시 여자는 음식을 주는, 먹여주는 존재의 어머니인 거야.

무얼 먹일까 하고 나는 마트에 가서 어깨가 아플 만큼 들고 와 부엌으로 가. 끊임없는 노동에 힘이 부치는 이즈음 운명인지 훌륭한 일인지 하는, 뭐 그런 걸 깨닫게 됐어. 피를 돌게 하는 신성한 일이라며 자긍심을 갖고 부엌에 들어가.

프로메테우스가 그리도 어렵게 신에게서 불을 훔쳐와 인간에게 준 것은 참 잘한 일이야. 불이 없었으면 어쩔 뻔했어. 제우스의 미움을 사 아직도 간을 뜯기고 있는 것은 정말 안됐지만. 인간이 불을 발견하고부터 먹이는 일이 번거로워졌을 거야. 굽고 끓이고 데치고 볶고 찌고 삶고 부치고. 음식은 다양해졌고 안전해졌지. 여자들은 불 옆에 오래 머물게 되면서 불처럼 더 따듯해졌을지도 몰라.

불은 더더욱 사람을 모이게 했어. 먹는 곳에도 사람이 모이게 돼 있어. 누가 그랬잖아, 먹는 건 함께 하지만 똥은 혼자 눈다고. 불에 모여앉아 몸을 데우고 춤을 추고 노래를 하고 기도를 하고, 손을 잡고 그러다 정이 생기고, 또는 말이 많아지고 토론을 하고 정치도 생겼을 거야.

남자들은 불 옆에 오래 있기에는 간지럽고 답답해 불에 철을 달구어 창과 칼을 만들고 영토를 지키고 확장하러 나갔을 테고 여자들은 불 곁에 남아서 날 것들을 익혀 먹이는 일에 신경을 쓴 거지. 어떻게 우리 조상들은 '불이 있는 곳'을 차츰차츰 음식 만드는 곳 '부엌'으로 굳혔는지 신기하고 놀라워.

 이젠 부엌도 많이 변했어. 불뿐이 아니라 우물과 하수구가 있고 곳간과 살강이 있고 밥상까지 있으니 드나들 수밖에 없게 된 거야. 생선이나 고기를 자르지 않아도 불 피우는 기술이 없어도 여자든 남자든 먹여야 하는 자의 성역이 아닌, 먹어야 하는 자들의 공동 식탁이 된 거야.

 재밌는 일이야. 세상이 바뀌어 여자들도 칼과 방패를 들고 영토 확장을 위해 밖으로 나가고 부엌은 멀티플렉스로 변했어도 아직 여자가 부엌을 많이 장악하고 있는 걸 보면 그래. 유방을 갖고 태어난 게 결정적 운명인 거야. 먹이는 일은 불처럼 따뜻한 일이니 남자들도 부엌으로 들어가길 나는 조왕신에서 슬쩍 빌고는 있지. 요즘은 직업이라는 이름으로 부엌으로 가는 남자가 많아져 사람들을 먹이고 있긴 해.

 오늘도 나는 부엌으로 가 물로 쌀 등을 밀어 헹군 다음 솥에 담아 불 위에 얹어 밥을 하고, 불에 음식을 익히고 뜨겁게 김이 오를 때 식구를 불러. 부엌으로.

 애초의 어원처럼 '불이 있는 곳'으로.

 음식뿐 아니라 사람을 모이게 하고 대화하게 하고 사랑하게 하는 따뜻한 곳으로.

노래로 놀자

 엘리베이터가 굼벵이같이 느껴지는 날은 내가 바쁜 날이다.
 고개를 쳐들고 깜빡이는 숫자를 읽는 것은 숫자 놀이가 아니고 잽싸게 몸을 날려 타는 것은 수직하강 놀이가 아니고 급해서 해보는 괜한 노동이다. 놀이처럼 해도 되는 일을 바쁜 일상은 노동으로 환원하고 있었다.
 일층을 우연히 바라보니 '놀이방'이라는 천연색 광고지가 유리창을 메우고 있다. 애기들은 태어나서 부모와 놀지 못하면 놀이방에서 노는구나, 사람은 태어나면 노는 일부터 하는구나 하는 생각에 피식 웃음이 나왔다.
 누구든 태어나서 발장난 손장난 옹알이 눈동자 놀이부터 하지 않았는가. 어렸을 때는 동네 또래들 대문 앞에 가서 소리를 지르곤 했다. '놀~자' 하면 '그래 놀자' 하며 친구가 툭 튀어나와 실컷 놀았고 '안 놀아' 하는 소리가 들리면 쓸쓸한 마음에 혼자 노는 방법을 찾았다. 잘 노는 일이 사는 일의 주제였고 엄마를 귀찮게 하지 않는 우리의 의무이자 권리였다.

노는 일은 즐거웠지만 헐렁한 건 아니었다. 진지한 몰입과 열정의 순간이었다. 자유로웠고 자발적이었지만 규칙이나 규범이 있었다. 언제라도 그만둘 수 있는 자유와 다시 할 수 있는 자유도 있었다. 생활 밖에 있는 또 다른 정당한 세상이었다.

그러다 세상은 놀고 있을 때나 내가 놀기 전부터나 꽉 짜여 있었다는 것을 알고는, 그런 사실도 모른 채 놀은 시간이 있었다는 게 감사했다. 틀 안에 들어서자 더 많이 놀지 못할 것에 대해 겁먹었지만 철이 들기 시작했다. 놀기 위해선 닥친 일들을 마무리할 수밖에 없다는 생각이 든 건 슬펐지만 성숙이었다.

'피할 수 없으면 즐겨라'는 말을 실천한다면 성숙의 끝일 것이다.

'즐길 수 없으면 피하라'는 말로 잠시 웃고 마는 나로서는 긴장을 요하는 일들 사이사이에 놀이 장치를 갖다 놓곤 한다. 그 중의 하나가 감정의 기복을 타고 노는 놀이기구, 롤러코스터다. 노래다.

'노래'의 뜻은 노는 모든 것의 총칭에서 음악에 관련한 의미로 줄었지만 애초의 뜻처럼 노는 것 전부의 속성을 다 훔치고 숨은 것이 아닌가 싶다. 많은 사람들의 삶 속에서 역할을 하는 놀이기구 중 가장 복합적 기능을 발휘하곤 한다.

하루는 라이브 카페에 갔다. 미끈한 노래와 열정적인 몸매, 혼을 빼가는 분위기 안에서 즐겁게 놀았는데 길가로 나오고 보니 찬바람에도 떨어져 나가지 않은 것이 있었다. 무얼까.

놀고 난 후의 '진 빠짐'과 함께 오는 희열이 없었다. 내 안의 것이 나가지 않았기 때문일까. 놀이란 원래 바라보는 놀이와 내가 하는 놀이가 있잖은가.

논다는 것은 내 안의 것을 즐거움과 희열로 환원시켜 속을 바꾸는 일일 터인데, 안되겠다 싶어 노래방으로 다시 갔다.

사이키조명이 돌아갔다. 빨강 파랑 별들이 돌고 돌아서 떨어지다가 날아오르다가 벽으로 박히고 있었다. 걸어 나갔다. 온몸에 별들이 와서 놀기 시작했다. 손에 들린 마이크는 생활의 벽을 뚫고 나가는 해리포터의 열차가 되었고 전주곡은 변신을 외는 주문이 되었다. 노래는 여러 감정을 갈아 태우며 달렸다.

감당하기 어려워진 삶의 무게에 대해 소리도 지르게 하고 달콤한 음이 입술에 묻기도 했다. 그 어떤 것도 껍데기였음을 인정이라도 하듯 뽕짝이 몸에 찰싹 달라붙는 듯도 했다. 실컷 노래를 부르고 난 뒤의 안착, 현실은 그대로지만 내 안의 지루한 힘듦이 공중에 날아간 듯했다. 말을 달리다가 몸이 하늘로 붕 떠오르고 그리고, 풍덩 얼음물에라도 떨어진 것처럼 노래는 롤러코스터였다. 누구에게도 피해를 주지 않고 내 안의 것을 밀어냈다.

놀이는 이래서 좋다. 노래는 이래서 좋다.

호모 사피엔스(생각하는 사람)나 호모 파베르(물건을 만드는 사람)라는 정의 위에 호모 루덴스(놀이하는 인간)라는 용어를 하나 더 등재시킨 요한 하위징아가 반갑기만 하다. 인간은 정말 놀기를 좋아한다. 플라톤도 '잘 노는 것이 신을 기쁘게 하는 일'이라 하지 않았는가.

'삶이란 소풍이다', '하느님이 만든 우리의 놀이터다' 하는 말은 삶이 주는 고통에 속지 않는 사람만 느낄 수 있는 말이다.

나는 자주 그 고통에 속을 때가 있다. 놀기만 좋아했지 정작 '삶이 바로 노는 것'이란 더 큰 의미를 놓치고 있기 때문이다. 노래를 가끔 잊고 지내듯이.

예쁜 것이 착한 것?

그제 너는 많이 속상했다.

회식자리에서 남자들은 한 여자를 바라보느라 눈빛이 반짝거렸고 너와 나머지 여자들은 그림자처럼 앉아있었다고 했다. 한 여자는 예쁜 여자였다고. 나는 너의 속상한 마음을 위로해야 했지만 너의 부족한 자신감에 화가 났다. 내 눈에는 너도 예쁜데, 너는 고슴도치 시각으로 예뻐 보이는 거라며 믿지 않았고 이 시대가 직설적으로 예쁨의 우세를 드러낸다고 피력했다. 예뻐 보이려면 관계 속에서 많은 애를 써야하지만 그냥 예쁘게 생겼으면 어디서나 예쁨을 받는 세상이라며….

나는 예쁜 것을 추앙하는 요즘 세태에게로 슬슬 화가 났다.

소개팅을 시켜준다면 첫마디가 '이쁘니?' 라고 묻고 '공부 못하는 여자는 용서해도 안 예쁜 여자는 용서 못 한다'는 남자들의 표현이 껄끄럽게 들렸다. 연예인은 물론 일반인들도 대놓고 예쁜 사람만 칭찬하여 상대적으로 안 예쁜 사람을 무안 주는 요즘이다. 예쁘지 않은 사람은 여간한 주관이나 자신감이 버텨주지 않는다면 예뻐져야겠다는 오기를 불러들이기에 충분한 세상인 것 같다. 미에 대한 노골적 표현이 심해서 노골(no, 腦骨)화 되어가나 싶은데 그것마저 한 가지 잣대로 말할 수 없으니 조심성이 나를 진정시킨다. 어떤 식으로 예뻐지든 노력하든, 그것을 미적 감각이나 노력의 관점에서 평가하는 잣대가 생긴 것 같다. 외적인 것이 내면을 대변한다며 말이다.

시대가 그래선지 무던한 나도 위기의식을 느낀 건 사실이다. 젊은 피부로 되돌릴 수 있을지 모른다는 희망으로 주문을 외듯 화장품을 바르기도 한다. 화려한 세상 칙칙하게 살지 말고 예쁘게 살아야지 하는 긍정의 맘도 있지만 혹시 안 예뻐서 받을 수 있는 불공평을 피하려 아등바등하는 것 같기도 하다.

내가 자랄 때만 해도 현인들이 정리해준 '내적인 미'에 대해 많이 믿고 따랐다. '멋을 너무 부렸다는 티가 나면 천해 보일 수도 있다'는 저명한 분의 말이나, 마음이 중요하고 분위기나 지성미가 있어야 한다는 말을 따르며 미를 꽤나 고상한 위치에 올려놓고 바라보았다. 그러나 이제는, 멋을 부렸다는 티가 확실하게 나야 더 눈길을 끄는 세상이다.

자신의 미를 위해 귀나 입술이나 코, 두개골을 변형하고 흉터도 내고, 백연이나 수은으로 치명적 위험을 감수하면서 공을 들였던 클레오파트라를 지나 지금까지 이어지는 여자들의 노력은 가여운 것이기도 하고 착한 노력이라는 생각이 든다.

예뻐야 한다는 시대적 욕구에 편승하여 개인의 미적 취향이 공격당하고, 강요당하고, 세뇌 되면서 미에 대한 인내력을 키워왔던 것도 사실이다. 그러나 요즘처럼 심각할 정도로 미를 위해 투자하고 가여울 정도로 살을 빼고 안쓰러울 정도로 시대의 미적 욕구에 맞추는 것을 보면 '어엿브다(불쌍하다)'는 말의 변화가 엉뚱한 것만은 아닌 것 같다. 보호해주고 싶은 작고 여린 느낌 때문에 '예쁘다'로 변했을 거라는 생각도 있지만 말이다.

예뻐지려는 노력은 숨은 능력을 찾는 거나 다름없어서 노력한 사람이 결국 예뻐지고 예뻐 보인다는 너의 말, 맞는 것 같다.

어느 집단이든 비슷한 능력의 소유자끼리 모이니 결국 외모로 급수를 매긴다 해도, 그래서 조금은 못마땅해도, 노력을 요구하는 시대라는 점에서 받아들이고 있다

그래도 기어이 하고 싶은 말이 있다.

칸트는 '아름다움이란, 특정 순간에 경험하는 수백 가지 세세한 영향을 주는 것들이 교류해서 만들어진 인상'이라고 했다. 인상을 잘 가꾸는 것이 예쁜 얼굴을 위한 최선의 노력이라는 고전적인 말을 하고 싶다. 안면에 있는 뼈와 근육을 움직이는 건 뇌가 아니라 마음이다. 자신감이 얼굴을 반짝이게 할

것이고 착한 마음이 이목구비를 편안하게 자리 잡아 줄 것이다.

언젠가 네가 그랬다. '엄마의 영향인지 외모를 꾸미는 일에 의식적으로 좀 소홀했다'고. 아차 그랬구나 싶어 미안했다. 미용용품 하나 없이 때밀이 수건 하나 주머니에 넣고 목욕탕에 가는 일이나 몸매 관리를 못하는 나의 안일한 습성을 바꾸기는 어렵겠지만 너는 자신감과 착한 맘으로 예뻐지길, 그리고 노력으로 더 예뻐지는 희열을 느끼길 바라는 마음이다.

이천 년 전의 '아름다운 것은 착한 거고 착한 사람은 곧 아름답게 될 것이다'라는 말과 '예쁜 것이 착한 것'이란 요즘 애들의 말이 같은 맥락이길 바라며….

착한 여자 되는 것, 찬성이다.

3부

넙치와 함께 지하철을
사람은 이로 웃는다
시트콤 아파트
실패를 위한 수술
저 하늘의 두루마리
인터뷰
연암골 가는 길
가라, 미진한 사랑이여

넙치와 함께 지하철을
- 퀸터 그라스의 「넙치」

책을 읽는 일은 내려야 할 역에 언제나 빨리 도착하게 했다. 퀸터 그라스의 '넙치'를 읽다가 방송소리와 함께 밝은 빛을 보았을 때는 이미 늦었다. 재빨리 갖고 있던 책을 문 사이에 들이밀었다. 닫히고 있는 문 사이에 책을 끼우면 똑똑한 문이 감지하여 열리리라 생각했는데 문은 책을 삼키지도 뱉지도 않고 꽉 물고만 있었다.

지하철 안에는 맞춤석인 양 모두 앉아 있고 나 혼자 서 있어서 시선이 집중되었다. 민망해서 뒤돌아서지도 못하겠고 혹시라도 문이 열리면 책을 잃을까봐 책을 붙잡고 창밖만 내다보았다. 밖이라야 어둠뿐이다.

책을 잡고 있던 손을 살짝 놓아 보았다. 문짝은 책 허리를 꽉 문 채 빛과 어둠이 순식간에 교차하는 긴 터널 속으로 아득히 가고 있었다.

표지에 그려져 있는 넙치의 몸뚱이는 반쪽이 나고 삐뚤어진 눈을 흘기고 있었다. 안 그래도 비뚤어진 눈은 전동차 안에 있는 사람들을 바라보기에 아주 알맞은 눈이었다.

나는 꿈을 꾸었는가.

빛이 번뜩번뜩 파열되고 '찌지직' 하는 마찰음이 철길에서 튕겨나올 때 광속을 느꼈다. 넙치는 허리를 팔딱거리며 움직였다. 손가락에서 반지가 삐둑삐둑 빠져나오듯 넙치는 문 사이에서 허리를 빼고 있었다. 허리가 빠지니 꼬리는 그대로 미끄러져 나왔다. 파르르 몸을 한 번 턴 넙치는 가운데로 오더니 헛기침을 해댔다. 그리고는 그가 책 속에서 언제나 '말하는 넙치'였듯 입술을 달싹거리기 시작했다.

나로 말하면 넙치입니다. 여러분이 구워먹고 졸여 먹고 회로 먹는 물고기입니다. 오늘 나는 이 자리에 선 자들이 그랬듯이 듣거나 말거나 믿거나 말거나 얘기를 하려 합니다. 난 그저 알려주는 것을 좋아하니까요.

나는 그림 형제의 동화 '어부와 그의 아내'에서, 어부에게 잡혔다가 목숨을 살려준 대가로 어부의 아내가 원하는 것을 모두 들어준 바 있는 - 은혜를 갚을 줄 아는 물고기로 칭송을 받고 희망과 재미를 주는 - 물고기로 자부하고 있던 넙치란 말입니다. 이 이야기가 여성을 비하한 남자들의 판본이라고 해서(여자들은 너무나 많은 걸 원했으므로) 내가 조금 소침해져 있었지만 귄터 그라스에 의해 곧 다시 태어났지요. 문명을 일깨운 잔소리꾼으로, 충고자로, 조언자로, 그리고 비난 받을 자로서 문명과 함께 다시 태어난 거죠.

소설 '넙치'는 참 복잡한 구조를 갖고 있습니다. 책 속의 주인공 '나'가 임신한 그의 아내 일제빌에게 9달 동안 이야기를 들려주는 형식으로 써나간 아주 독특한 소설이지요. 4천 년을 오가며 열한 명의 요리사, 즉 여자와 살면서 겪은 이야기를 1,000쪽에 가까운 분량으로 들려주니 황당하기가 말할 수 없는 소설입니다. 그 속에서 나 넙치는 인간에게 잡혀, '살려만 주면 내가 세계 곳곳을 다니며 수집한 모든 정보를 주겠다'고 동화 속 넙치를 흉내 냈다가 그토록 오랜 역사 속에서 인간과 함께 동행을 한 거죠.

남자가 바닷가에 와서 '넙치님 넙치님' 하고 불러 댈 때마다 원하는 모든 정보와 문화를 주면서 은혜를 갚았지요. 나는 문화를 만들기 위해 노력했지만 그 조언들은 남자 중심의 역사와 문화를 낳게 하였고 싸움과 기아를 몰고 왔습니다. 결국 여성들의 자의식은 이를 거부하기 시작했고 현대에 와서 나는 여자들의 낚시에 다시 잡히고 말았지요. 여자들은 나를 물과 모래를 채운 방탄유리 상자에 가두고 맹렬하게 재판을 했어요. 화가 무척 난 여자들에게 반론과 변명을 하는 과정에서 차츰 여성을 이해하며 여성을 위한 조언을 하게 되는 이야기지요. 그래서 입술이 삐뚤어지고 눈도 사시가 더 심해졌으니 당연한 결과라고 인정합니다. 이제 와서 이쪽저쪽 눈치를 봐야 되니 말이죠.

나는 그토록 많은 도움을 주고도 수모를 당했지만 노벨상 수상자이기도 한 퀸터 그라스는 세계적인 베스트셀러 작가가 되었고 그 수익금으로 알프레드 되블린 상을 제정했습니다. 불공평하지만 이유가 있을 만도 했죠. 황당함을 조금만 참고 읽어 보신다면 기막힌 상상력에 책상을 탁탁 치고 웃을 일이 수없이 생길 것입니다.

여성들이 얼마나 오랜 역사 동안 온갖 요리로 남자들을 먹여 살려 왔는가의 문제와, 남성의 권위와 지배욕과 성욕으로 여성의 자유는 얼마나 억압되어 있었는가에 대해, 그리고 여성운동으로 남자와 여자의 위치를 바꾼다면 어떤 결과가 올 것인가에 대해, 수없는 음식과 역사적인 사건과 말을 시간 속에 뒤죽박죽 반죽하여 풀어 놓았으니 나 넙치도 퀸터 그라스에게 두 손발을 다 들었습니다. 정말이지 남은 생애는 여성들을 위해 조언하겠다는 약조로 목숨을 건져 발트 해로 다시 돌아갈 수 있었으니 고맙긴 하지만요.

나는 남자들에게 모든 걸 문서화하게 하고 그들의 역사(his-story), 즉 남자들의 역사를 쓰게 만들었지만 감자와 스프와 순무와 양배추, 그리고 후추 내장요리와 버섯요리, 그 외에 등장하는 기상천외한 요리들로 여자는 남자를 끊임없이 먹여 결국 역사를 이끌어 왔다고 퀸터 그라스는 말합니다. '먹이는 역사'로 스토리를 끌고 간 것이지요.

 남자들이 여자의 유방에 그토록 집착하고 세 개의 유방을 그리워하는 것처럼 나도 역사에 뭔가가 부족한 것이 있다는 깨달음이 오더군요. 두개의 유방으론 뭔가 부족한, 이분론적이 아닌 더 풍요롭고 총체적인 무엇인가가 제시되기를 바라는 의도를 눈치 채고 보니 나 넙치의 삐뚤어진 입술로 떠들어 댄 것과 사시로 바라본 것, 그리고 납작한 두 양면의 몸뚱이로 느낀 것이 부끄러워집니다.

 모든 게 나 넙치의 잘못이 큽니다. 더 새로운 문화를 위해 충고를 일삼았던 제 입을 용서해 주신다면 저는 또 발트해의 깊숙한 어둠 속에서 충전하겠습니다. 작가가 던진 '제3의 대안'이 독자들의 감동으로, 문화의 발전으로 언젠가 스며 나온다면 나 넙치는 또 한번 '제3의 대안'에게 잡혀 나와 할 말이 많을지 모르겠습니다.

 밖에서 빛이 들어왔다. 곧 정차할 거라는 방송이 들려오자 넙치는 당황하여 말이 빨라졌다. 잘 들리지 않았.

 이곳- 계신 — 여자분들- 지금 이제 돌-가면 넙치 한 마리 — 바짝 구워 남자 — 먹이십 —. 그리- 내 방식 — 침대- 가든 말- 결정- 보시길 바랍 —. 죄송- 니다, 또 참견 - 했 —.

 찌지직. 전동차가 멈췄다.

 넙치는 어느새 책표지 속으로 들어와 있었다. 나는 책이 떨어지지 않게 꽉 붙잡았고 문이 열렸다. 웃으며 계단을 올랐다. 능청스런 넙치의 주둥이가 내 손을 간질이고 있었으므로.

사람은 이齒로 웃는다

재개발이 시작된 불행한 나의 고향동네.

주소는 권현옥 군郡, 얼굴 면面, 치아 리里, 비포장도로로 구불구불 28미터 들어간 산골.

20여 년 동안 아무렇게나 지어진 대로 살았다. 불만은 많았지만 상담을 받고 수리를 받기에는 궁벽했다. 외양을 심각하게 생각하는 시대도 아니었고 더더욱 질을 고려하던 시대도 아니었기에 그런대로 잘 살았다.

제1기. 무허가 부실 건물에서 생활하다

못생겼으면 튼튼하기라도 해야 할 것인데 지반도 허술하고 비좁아서 생긴 것도 비뚤비뚤. 게다가 감독도 소홀했는지 모든 기후현상에도 아슬아슬한 무허가 부실공사로 지어지고 말았다.

사과는 통째로 베어 먹지 않겠음. 베어 먹다 만 떡이나 빵을 남에게 보이지 않겠음. 크게 입 벌리고 웃지 않겠음.

쓸고 닦고 번지르르하게 가꿀 생각은 안 하고 내 초라한 집을 절대로 남에게 보이지 않겠다는 결심만 했다.

동네에서 아이들과 사과를 통째로 들고 나와 아작 아작 베어 먹으면서 놀곤 했다. 사과를 벤 자국이 가지런한 아이들은 의식조차 못하는 일이지만 나는 숨기고 싶은 사과였다. 빨간 사과나 절편을 베어 물고 나면 흰 속살 위에 무엇이 남는가. 언제나 삐뚤빼뚤한 이 자국이 남았고 피가 묻어났다.

송곳니는 뻐드렁니로 겹쳐 났다. 보는 사람은 귀엽다고 했지만 나는 웃다가도 입술로 얼른 덮고 말았다. 어느 날은 거울을 보다가 혓바닥을 보고 섬뜩했다. 혓바닥 끝이 둥글지 않고 들쑥날쑥 엉망이었다. 낙수가 바위를 뚫는다더니 혓바닥과 닿는 이齒벽의 모양에 따라 홈이 파인 것이었다. 이럴 수가, 혓바닥까지 이렇게 못생기다니.

제2기. 곳곳이 파손되다

어른이 된 뒤 이가 주르륵 빠지는 꿈을 많이 꾸었다.

콩알 털 듯 몽땅 빠져 버리는 이齒를 손바닥 위에 받아 냈다. 우르르 무너진 집은 몇 개의 작은 돌과 공깃돌만한 것이었다. 가장 큰 공룡으로부터 315번째로 크다는 인간의 몸집을 채우기 위해 저작咀嚼운동을 해온 정체의 전부였다.

꿈을 꾸고 나면 모두가 끔찍했다. 아직 입속에 박혀있는 이가 끔찍했고 빠진 이를 받았던 빈 손바닥도 끔찍해 손을 털었다.

그런데 그 꿈은 현실이 되기 시작했다. 천재에 인재까지 덮쳤다. 테니스를 하다 내 라켓으로 삐뚤게 난 앞니 하나를 건드렸다. 달삭달삭 흔들거려 음식을 넣어 둘 수가 없었다. 심하게 교통정리가 안 된 구석구석은 치안의 사각지대가 되고 만화책에서처럼 삼지창을 든 도깨비들은 염증과 치석을 퍼다 날랐다. 가로등도 없이 방역작업도 없이 지내 온 세월 동안 어금니의 지반도 무너지고 있었다.

큰 육식 공룡도 어금니가 없어 음식을 삼켰다지만 먹는 걸 즐거워하는 나로서는 멸종의 위기를 느끼지 않을 수 없었다.

제3기. 재개발 수난은 대단했다

재개발 비용은 만만치 않았고 공정기간도 길고 공법 또한 간단치 않았다. 일시적 땜질로는 멸종의 위험을 느껴 영구불변 설계를 해서 지을 작정이었다. 임플란트 공법은 철근 시공 아파트와 같은 것이었다.

포크레인은 우지끈 오랜 기둥을 허무하게 무너뜨렸고 그 자리를 굴착기가 파고 들어갔다. 드르르륵 깊이 지반을 파고 들어간 곳에 철근이 심어졌다. 거기에 콘크리트건물이 세워졌다.

다행히 삐뚤게 난 앞니가 그 과정에서 반듯하게 성형이 됐고 오랜 기간 고통을 주었던 어금니 자리에 건물이 다시 세워졌으니 든든하다.

엑스레이를 통과하면 심어 놓은 철근이 허옇게 드러날 일과, 건축물이 세월에 풍화되어 가루가 된다 해도 철근 몇 개가 집터의 증거물로 남아있을 것을 생각하면 쓴웃음이 나오긴 한다.

제4기. 옛집이 그리워진다

쓴웃음은 까마득히 잊기로 했다. 좋은 세상에서 살고 있어 고맙다. 몇 백 년 전 임금인들 이 호사를 누렸겠는가. 그저 건설업체 '치과'가 고맙다.

동물은 웃지 않지만 사람은 웃는다. 마음으로 웃고, 눈으로 웃고, 입술로 웃고, 이로 웃는다. 그리고 소리로 웃는다.

동물은 으르렁거릴 때 이빨을 드러내고 사람은 웃을 때 이를 드러낸다. 시인의 말처럼 땅이 꽃으로 웃는다면 사람은 하얀 이로 웃는다고 말해도 되리라.

세월이 지나니 못생긴 것도 왠지 정겹다. 초라한 동네이긴 하지만 나는 더 이상 옛 모습을 찾지 못할 만큼 변형되고 개축되길 원치 않는다. 내 고향의 본 모습이 남아있을 때까지만 웃고 싶다.

시트콤 아파트

 나는 관음증 환자는 아니지만 관음증 증세는 있다.
 들여다보이는 것을 들여다보지 않는 것은 바보짓이다. 죄책감이 없는 건 아니지만 재미있다. 인생은 하나님도 즐기시는 시트콤(situation comedy)이 아닌가. 그만그만한 일상도 웃고자하는 방청객이 있어서 코미디가 된다. 나도 가끔은 웃음효과를 내는 방청객이 되고 싶다.

 1층
 가장 궁금한 집이 1층이다. '처음'에 대한 관용적인 정서이며 눈높이에 있어서다. 불행하게도, 버티컬은 밤낮으로 완벽한 경호를 한다. 막이 오르기 전 무대의 거만함처럼.
 우리는 1층에 대해 아무 것도 모른다.

약오를 건 없다. 그들 역시 밖의 아무 것도 보지 못한다.

2층

남자가 골프 퍼팅 연습을 한다. 여자가 걸레로 바닥을 닦는다.

어느 여기자가 그랬다. "여자들이여, 제발 신문이나 TV보는 남자 밑을 기어 다니면서 걸레질 하지 말라."

아는 여자가 그랬다. "아무도 없을 때 부지런히 일하지 말라. 식구가 보는 앞에서 일하라. 가정일이 저절로 되는 걸로 알더라."

3층

엄마와 딸이 서 있다. 소리는 안 들려도 표정이 시끄럽다.

가까울수록 공격하기 좋고 상처주기 쉬우니, 그들의 방 앞에 있는 방문을 인정하자. 문은 보호하기 위해 존재한다. 밀폐하기 위해 닫지 말자, 꽝.

닫는 일은 안에 있는 자의 이기심이고, 여는 일은 밖에 서 있는 자의 화농 섞인 호기심이다.

4층

부부가 텔레비전을 보고 있다.

오른 손으로 삿대질하듯 리모콘을 흔든다. 보고 싶지 않은 채널이 더 많은데도 끄지 못한다. 어느 방송국 로고송처럼 '기쁨 주고 사랑 받는 친구'라고 믿는다. TV는 시간이 아깝지 않은 자나, 즐거움을 계획한 자의 시간을 책임진다. 때론 실제 인생보다 더 재미있고 드라마틱하지만, 고백이 지나쳐 타인을 피곤케 하는 사람처럼 군다.

5층

아무도 보이지 않는다. 집만 보인다.

공간이 넓을수록 서로 숨결이 닿지 않는 곳에 있기 마련이다. 한 번도 살이 닿지 않는 넉넉한 거리, 목소리를 높여야 들리는 거리. 돌아누우면 남자가, 돌아누우면 아기가 잠들어 있는 살 붙는 거리. 좁은 평수일 때가 따뜻했다.

6층

베란다에서 담배 피우는 남자와 거실에서 훌라후프 하는 여자가 보인다.

우리는 건강을 위하여 살고 건강을 해치기 위하여 산다. 죽기에 충분한 나이고 죽기에 억울한 나이다. 죽기 위하여 건강을 지키고 건강하기 위하여 죽기를 무릅쓴다. 나를 위하여 살고 너를 위하여도 산다.

7층

식구가 많다. 초대된 가족이 온 듯하다.

언제부터 초대하지 않은 손님이 반갑지 않은지 이상하다. 준비된 음식처럼 감정도 준비해야 하나 보다. 뜻밖의 손님 중 반가울 이 몇이고 뜻밖의 나를 반가워할 이가 몇일까. 허용되지 않은 시간의 출현은 침입자가 돼 가고 있다.

발신자 번호를 확인하고, 선택하는 시대에 살고 있다.

8층

부모덕을 많이 본 부부가 거실에서 과일을 먹고 있다.

무를 깎아 디저트를 대신했던 할머니 할아버지 사진이 거실에 걸려있다.

꼬마가 장난감을 타고 논다. 힘들이지 않고 가는 길이 행복의 첩경이라고 깨우치나 보다. 말이 쌩쌩 달린다. 시끄럽다고 밑의 집에서 뭐라 안 할는지.

9층

빨래를 개고 있다.

이 세상 사람이 유행 따라 옷을 입기는 해도, 모두 다른 옷을 입고 있다. 같아지기를 원하면서 달라지고자 노력한다. 달라지고자 하면서도 같지 않음을 두려워한다.

반복되는 일이 있기에 일상이 새로워진다. 같은 옷으로 다른 일상을, 다른 옷으로 같은 일상을 맞는다.

10층

식탁이 있으나 바닥에 상을 펴고 식사를 한다.

바닥에 엉덩이를 붙이고 앉는 게 편하다고 생각하나 보다. 바닥에 닿는 부분이 많을수록 편하다. 태어나면서부터 그랬으니까. 떠있는 것도 로열층이 있다지만 뭔가에 닿고 싶다.

11층

노부부가 식사를 마치고 난 뒤 치간이 답답하다.

나이들수록 비우는 일이 좋다는데 이것만은 아닌가 보다. 치간의 찌꺼기를 억지로 빼야하니 비어있는 공간도 괴롭다.

어떤 경우는 빈곳에 자꾸 눈길이 가고 잡념이 생기니 차라리 무언가로 메우는 것이 나은가.

12층

외식을 하려는지 하나씩 현관 쪽으로 움직인다.

여자는 여자가 만든 하루 세끼 음식에 때론 화가 난다. 기대도 흥분도 대접도 못 느낀 어느 날, 돈 주고 대접을, 기대를, 흥분을 사러 나간다.

남자들은 말한다. "집에서 먹는 밥이 최고 맛있다"고.

식욕 없는 주부가 나에게 물었다. "너는 니가 한 밥이 맛있니?"

13층

비디오로 영화를 보는지 조명이 근사하다.

여자가 재미있으면 남자는 흥미 없어하고, 남자가 흥미 있어 하면 여자가 시큰둥하고, 아이들이 재미있어 하면 어른들은 시시해서 돌아눕고, 어른들이 잘 된 영화라 하면 아이들이 그 의미를 모른다. 한 가족이란 이런 상태가 정상적인가 보다.

14층

며칠째 불이 켜 있지 않다. 아무도 그들이 어디에 있는지 모른다.

여행중인지 시골에 갔는지, 혹시 아는 사람이 있다면 경비아저씨뿐이다. 나는 옆집 할머니가 돌아가신 것을 한 달이 지난 후에야 알았다. 병원 영안실에서 조용히 치루고 난 뒤 너무

나 평온한 나날이었으므로.

시끄러웠다 해도 눈치 채지 못할 나였다.

15층

화분이 얼마나 많은지 속내가 어른어른 보이지 않는다.

산소와 이산화탄소가 밤낮으로 바뀌지만 사랑으로 물을 준다. 산소와 이산호탄소의 양 때문에 안팎으로, 밤낮으로, 화분을 옮길 수는 없다.

키우는 것은 어떤 것이든 사랑으로 물을 주어야 한다.

옥상

물탱크는 자물쇠로 무장하고 있다.

때를 분리시키고 오물을 처리하고 우리 몸속에 수분을 채워주기 위해서 고독한 하루다. 속으로 퍼 올려 가득 채우고, 계속 내려 보낸다.

고독은 때 묻지 않은 마음이 바람과 부딪히면 온다.

재미있던 시트콤도 몇 달이면 개편되듯 우리네 일상도 언제 개편될지 모르는 극본 없는 시트콤이다. 방청객이 웃어주는 효과는 확실히 있다. 웃음도 전염된다니 과장되게 웃을 수밖에.

실패를 위한 수술

"죽어도 좋으니 수술해 주세요."

머리가 붙어 두 몸이 하나로 움직여야 하는, 그러나 진정한 '하나'로 살고 싶은 이란의 두 여성 얼굴이 TV 화면 가득 나온다. 힘들었을 생활을 상상하며 그들의 맑은 웃음을 대하니 죄스러움마저 든다. 욱신거리는 느낌이 가슴 근처로 온 듯한데 잘 모르겠다. 심장의 테두리쯤이었을까.

"샴쌍둥이의 분리수술은 실패했습니다."

아나운서의 멘트에 얼른 리모콘으로 볼륨을 높였다. "사망했다"는 말만 크게 듣고 말았다. '죽어도 좋으니'라고 말할 만큼의 고통이 '죽음'이라는 언어에 도달해서야 남에게 전달되는 감정이라니 마음이 아팠다.

내가 얼마 전에 원했던 수술은 한낱 투정에 의한 철없는 수술이었다. 분명 사랑을 먼저 배운 것 같은데 언제부터인가 뒤죽박죽이 되었다. 뫼비우스 띠처럼 미움부터 시작하여도 그 단면을 훑어보면 사랑의 미숙한 방법에 속고 있음을 깨닫게 되고, 사랑으로 시작했는데 채워지지 않는 욕심 때문에 미움으로 고통받는 일이 많았다. 사랑과 미움이 한 덩이가 되어 움직인다고 느낄 때, 이란의 샴쌍둥이 여성처럼 '죽어도'란 말을 내뱉기는 버겁지만 '실패한다 해도' 수술을 하고 싶었다. 확실한 감정의 선으로만 전달하고 느껴 단순해지고 싶었다.

수술대 위에 누웠다. 시베리아의 자작나무 숲을 걸었다. 혈관을 따라 들어가는 마취제가 싸하게 느껴질 때, 햇살이 꽂히는 직선을 따라 하늘의 끝을 보니 현기증이 났다. 의사의 음성과 혼미한 내 음성이 빠른 속도로 섞이기 시작한다. 아무도 듣지 못하나보다. 언제나 내 음성은 나만 반복해서 듣는 음성이었으니까.

"기분이 괜찮습니까, 따라해 보세요. 하나."

"하나아아아…… 더 보기 좋게 사랑할 수 있었어요. 그런데도 그것이 그토록 안 돼서 세련되지도 않고 순박하지도 않게 못생긴 대로만 사랑하느라고 애썼어요. 미워하느라 눈동자 어딘가가 외로워도 그것까지도 사랑이라고 말했어요. 나중엔 그것이 사랑이라고 아예 변명하듯 살았지만 진실에서 멀어져 가는 의사소통일 뿐이었지요."

"둘."

"두우울…… 눈이 펑펑 내려 나무도 눈의 무게가 겨우면 가지를 떨구어 무게를 내려놓는데 내 마음은 꼿꼿이 세우기만 한 미움으로 지칠 때가 많았어요. 누군가가 수평으로 나를 흔들어 무게를 내려놓게 하길 바랐지요. 그리고 누군가가 무게를 내려주어야 행복해 질 거라는 어리석음으로 살아왔으니… 제발, 제발 배우고 싶었다고요. 사랑을 사랑으로 표현하는 방법을."

"세엣."

"세에엣…… 사랑을 먼저 배운 것 같은데 이상이라는 허울을 둘러쓰고부터 미워하는 법을 배웠나 봐요. 미워하면서 사랑하고 사랑하면서 미워하는 법을요. 제가 미워하는 것은 거의 사랑이었어요. 사랑에 붙은 미움의 근육을 정말로 떼고 싶어요."

"넷."

"……"

수술이 시작됐고 의사들의 말은 손놀림보다 많았다.

"무리한 수술은 안 됩니다. 어차피 감정을 극복하고 다듬는 것이 중요하지 떼어버리는 것이 우선은 아닙니다. 상한 부위만 치료하는 방식이 옳습니다."

"이 환자는 예상보다 미움이 작군요. 사랑 옆에 붙은 미움에 죄책감이 큰 탓이지요. 자각증상이 큰 탓이에요. 미움을 오려내면 사랑의 공간이 작아질 뿐입니다. 재생시킬 수 있는 방법을 택해야 합니다."

 "미움이 없는 사랑은 인간의 사랑이 아니지요. 성숙되지 않은 사랑이긴 해도 사랑하려는 몸부림입니다. 때론 하나님도 원망하고 미워하는 우리가 어찌 사랑하는 사람을 미워하지 않을 수 있겠어요. 이 환자는 자아 호르몬이 과다 분비돼서 사랑의 표현이 순환되지 않는 것 같군요. 단단해진 사랑과 미움의 덩어리에 은행잎 추출액과 연어 즙을 주사하는 것이 좋겠군요. 혈액순환이 잘 되면서 회귀본능에 목숨을 거는 연어의 즙이 자아를 편하게 할 겁니다."

 "본인이 생각한 것보다 더 심각한 것은 종교와 믿음에 대한 위선의 문제군요."

 "위선의 부위가 잘 드러나 있긴 한데 속에선 곪고 있군요. 그러나 이것도 떼어내서는 위험합니다. 위선은 진실을 좋아하는 사람의 몸짓일 수도 있습니다. 진실을 사랑하고 믿음을 원하는데도 이룰 수 없을 때 강박증으로 나타나는 것이기도 하니까요. 더군다나 이 사람의 위선은 거짓의 위선보다는 진실의 행동과 더 가까워 보입니다. 보십시오. 색깔이 다르지 않습니까. 다만 자신이 판단한 선으로 몰아 세워서 생긴 교만의 덩어리군요."

 "그렇지만 이 사람이 원하는 건 사랑과 미움의 분리 수술이고, 의외로 발견된 위선과 진실의 분리 수술도 해야 하는데 어려운 수술이라고 그냥 덮어 버릴 수 없는 노릇이잖습니까."

"보십시오. 위선이 악의적으로 꾸민 거짓일 때는 진실보다 더 튼튼한 구조조직을 가져 진실의 조직을 파손시키지만 자칫 위선으로 보이는 어색한 진실이 참다운 진실일 때도 있는 법이오. 그러니 노력하는 위선을 뗄 수가 없군요. 출혈이 너무 큽니다. 위험합니다."

"대체 우리가 할 수 있는 일이 무엇입니까. 분리 수술을 맡은 우리가 애매한 인생 철학을 논하고 있으면 되겠습니까."

"물론 원하는 대로 떼어낼 수도 있겠지만 수술 후의 후유증에 책임이 더 느껴집니다. 미움의 과정을 거치지 않고 사랑에 감동할 수 없고 위선의 과정을 거치지 않고 종교적 진실에 접근할 수 있겠습니까. 떼어내면 남은 것은 다 무의미한 허상의 조직에 지나지 않습니다."

"그럼 왜 수술을 승낙하여 여기까지 왔습니까."

"실패한다 해도 해 보겠다는 환자의 목소리에 동감했던 거요. 그러나 알겠소. 상처라는 것이 x-ray나 초음파 검사처럼 의사의 눈으로 판독되는 것이 아니라는 것을 말입니다. 떼어내고 보면 모든 게 무너지는 일체라는 사실을 말이오."

"마취에서 깨어난 환자에게 뭐라고 설명해야 할까요."

"수술은 대성공이라고 말하겠소. 사랑의 방을 넓히고 진실의 방을 넓히는 통로를 발견했다고 말이오. 하나의 공간에 뚫린 통로는 동굴이 되기 쉽지만 두 개의 감정을 연결하는 통로란 공간을 넓히는 것이오. 이 환자는 마취에서 깨어나면서 스스로 통로를 발견할 것이라고 믿어지는군요."

나는 몹시 피곤한 몸으로 자작나무 숲을 걸었다. 어디선가 아슴푸레 햇살이 희미하게 비치고 있었다. 나는 예감했다. 마취에서 완전히 깨어나면 사랑과 미움에서 한결 자유로워질 거라고.

저 하늘의 두루마리
- 드니 디드로의 소설 「운명론자 자크」의 자크에게

　자크씨, 물어보고 싶은 것이 있지만 장난부터 걸어봐야겠어. 우리말 중에 외래어로 자크라는 게 있잖아. 지금은 지퍼라고 부르지만 우린 어릴 적부터 그렇게 불러왔어. 잠그고 닫는 거 말이야.
　닫으면 속의 것을 감출 수가 있고 열면 속의 것을 드러내지. 그래서 그 속의 것을 꺼내기 위해 열고, 남에게 보여주지 않기 위해 닫지. 그런데 이건 엉뚱한 말장난이야. 네 이름이 자크인 것에 그냥 수작을 걸어본 거야. 자크, 그대도 열면 나오고 닫으면 숨는가.
　난 정말 너의 정체를 모르겠단 말이야. 너는 운명론자이니까 너를 '운명'이라 하겠어.
　이런 일 있잖아. 낮잠을 자고 있는데 어느 날 지나가던 차가

집으로 달려들어 세상을 떠나게 되는 일이나, 길을 지나다 갑자기 위에서 창틀이 떨어져 쓰러지는 사람 이야기라든가 말이야. 심지어는 세상에서 가장 재수 없는 사람에 대한 글을 읽었는데 이런 일도 있었지. 산에 불이 났어. 그래서 소방관은 열심히 불을 껐지. 불을 다 끄고 보니까 사람의 시체가 발견된 거야. 그런데 그 시체는 스킨 스쿠버복을 입은 남자였어. 산에 웬 스킨 스쿠버복을 입은 사내가 죽어 있는가 했더니 그 남자는 바다에서 스쿠버 다이빙 중이었어. 그런데 헬리콥터가 바다의 물을 떠서 열심히 산에 뿌려 댔을 때 퍼 올려진 거지. 그랬던 거야.

운명! 어떻게 생각해?

너는 언제나 말하지.

"모든 게 저 높은 곳의 두루마리에 씌어져 있다"고.

나는 살면서 자꾸 그 말을 부정할 수도 인정할 수도 없게 된 거야.

혈기가 자만심으로 방출될 만큼 젊었을 때 실은 운명이 두려웠어. 그래서 막무가내로 무시하고 이기려고 했지. 어쩌면 그래서 이긴 것이 많은지도 몰라. 사주팔자나 궁합 따위도 코웃음으로 무시했는데 실은 공연히 마음에 담아 소심해질까봐 그랬어. 좋은 일이라면 그만큼 큰 기쁨을 느끼면 될 테고 나쁜 일이라면 미리 걱정할 게 없다는 거였지.

그런데 지나간 일들의 축적이 이리저리 꿰어지면서 인과관

계가 있었던가 하고 추론하게 되는 거야. 네가 할 말 없을 때 떠벌리는 것처럼 '모든 게 하늘의 두루마리에 적혀 있다'고 말할 순 없지만 대충은 메모해 놓은 모양이야. 지나간 일들은 모두 소설의 유기적 관계처럼 그렇게 유기적으로 엮어지잖아. '우연을 가장한 필연'이 우리의 삶이라고 누군가가 그랬던 것도 같아.

신이 준비한 이벤트가 우연이라는 말도 있잖아. 그러니 우연도 필연도 결국 한 통속인 거 맞지. 그런데 이렇게 생각하고 보니 왜 그래야만 했냐고 무식하게도 묻고 싶어지더군.

얼마 전에는 가까운 사람에게 이런 일이 있었어.

집값이 천정부지로 뛰니 조금만 기다리자고 집을 사지 않았지. 그래도 또 올랐어. 그래서 차라리 무주택으로 있다가 분양을 받자고 결심했어. 드디어 기회가 왔어. 분양을 받기 위해 서류를 갖추고 은행직원에게 몇 가지 의문 사항을 물어봤지. 친절히 말해주었어. 발표날짜가 됐어. 두근두근하면서도 기대를 안 했지. 왜냐면 몇 십대 일이거나 몇 백대 일이었거든. 그런데 무슨 운이 그리 좋은지 당첨이 된 거야. 사람들은 모두 로또 됐다고 난리였어. 그래서 주위 사람에게 술도 사고 꿈속을 헤매듯 행복해 하며 기도를 접수하신 신께 감사 기도를 했지. 선택사양에 대한 선택 땜에 즐거운 비명을 지르며 고민에 빠졌어. 그런데, 그런데 말이야. 어느 날 안주인이 몸져누웠어. 불법 당첨자라 했대. 은행직원이 뭔가를 잘못 알려준 거야. 어찌 됐냐구? 그래서 당첨은 무효가 되고 앞으로 10년 동안은 분양자격도 박탈당하고 말았지. 집값은 지금도 천정부지로 오르고 있어.

어때.

운명은 왜 이리 장난을 치는 걸까. 장난이 아니라 다 그렇게 되도록 돼 있었다고 너는 또 말하고 싶겠지. 철저히 알아보지 못한 신청자의 잘못도, 잘못 알려준 은행직원을 만난 것도, 당첨이 차라리 안 됐으면 아무 일도 없었을 터인데 당첨이 된 것이나 취소가 된 것이나 다 저 높은 곳의 두루마리에 써 있었다고 말하고 싶겠지. 그렇게 되기 위한 유기적 장치였다고 말이야.

우리에겐 이런 말이 있지. 있다가도 없고 없다가도 있는 것이 돈이라고 말하지만 모든 게 그래. 너의 해석대로라면 줬다 뺐고 빼앗았다가 주는 건가. 왜 주었다 빼앗았다 하는가 말이야. 신은 우리의 목숨도 주었다 빼앗아 가고 재물도 주었다가 빼앗아 가고 행복도 주었다 빼앗아 가곤 하지.

'행복은 선택'이라는 특별한 지혜를 누군가가 발견하고 유포시킨 요즈음, 어떤 일이 있을지라도 행복을 선택한 사람에게는 빼앗았다는 말이 안 통할 수도 있겠지.

어때 자크, 네가 말한 것처럼 모든 것이 저 높은 두루마리에 다 써 있다고 생각하면 세상 살기는 정말 편하지.

인생을 살 만큼 살아도 답하기 힘든 질문이 있잖아. 왜 사느

저 하늘의 두루마리

냐고 묻는 것 말이야. '그냥 웃지요'라고 해봐도 갑갑하긴 마찬가지야.

내가 오늘 또 하루를 사는 이유가 네가 말한 '저 하늘의 두루마리'를 펴기 위한 것인지 두루마리에 써 있는 내 운명을 실천하기 위한 것인지 모르겠어.

어쨌든 오늘은 나에게 무슨 일이 일어나는지 확인 좀 해야겠어. 내가 맘먹은 대로 거기에 비슷하게 써 있는지 전혀 엉뚱하게 써 있는지 말이야.

자크, 너의 수다로 나도 좀 수다스러워졌네.

그것도 써 있다고?

인터뷰
- 심청전

 맹인잔치는 끝났고 소설도 끝났다. 사연을 남겼고 심사도 남겼다. 효심과 신의를 남겼고, 정성에 힘입은 기적과 우연의 운명도 남겼고, 예감과 예시와 현몽의 필연도 남겼다.
 연회가 끝날 무렵 나는 인터뷰를 갖기로 했다. 심학규가 청이를 만나 눈을 떴다는 소식을 듣고 늦게 도착한 기자들 때문에 연회는 술렁였다. 심학규는 취기가 오르고 흥분되어 있었지만 눈빛은 선연했다. 20세에 감긴 눈, 그 순수 때문이리라.
 눈을 뜬 기분이 어떠냐는 질문이 시작되자 흥분했던 심학규, 본디 양반의 후예처럼 차분해진다.
 - 나는 세상을 세 번 보는 것이요. 20세까지는 어린아이와 청년의 맑은 눈으로 세상을 보았고 맹인이 되고는 눈을 감고 세상을 보았소. 그리고 이제 이순이 다 되는 나이에 눈을 떠

세상을 바라볼 수 있으니 기쁘고 두렵다오.

 세상이란 눈으로 산다고 생각했다오. 빛을 통해 눈으로 보는 것도 있지만 어둠 속에서 만든 머릿속의 영상도 사실은 눈으로 보는 것이오. 빛의 눈으로 보지 못해 짓는, 오해나 추측과 편견의 죄도 있겠소만 이제 내 눈으로 보고 느끼고 짓는 마음의 고통이 또 어떤 것일지 모르겠소. 충격이 크면 눈이 멀 듯 나 또한 충격으로 눈을 떴으니 이 충격적인 생활을 어찌 감당해야 할지 모르겠구려. 마음의 문이 좁아지지 않길 바랄 뿐이라오.

 지개 고상한 심학규 눈을 뜨니 말도 또박거린다. 무슨 맘으로 그렇게 큰 공양미를 몽운사 화주승에게 약속했는가에 대한 질문을 하자 길게 숨 내쉬고 주저앉는다.

 - 사람이 죽으면 죽은 사람만 불쌍타 하는 말도 믿을 게 못 되더이다. 부인 잃고 청이 데리고 젖 얻어 먹이고, 청이 조금 커서 그 옷자락 붙들고 연명할 때 '내가 죽고 네가 살아야 하지 못함이 원통했으니 맹인임을 저주하고 불쌍한 여식 맘에 걸렸던 중, 물에 빠졌으니 마음의 눈도 혼란스러웠던 것이오. 화주승의 말에 현혹됐소. 사람은 누구나 가장 강렬한 무엇을 위해 독을 품으면 푸르도록 주위를 멍들게 만들고, 서슬이 퍼렇도록 날카로운 칼을 품고 있어도 내 몸 어딘가에는 떨리는 살들이 숨어있지 않겠소. 아마 나에게도 숨겨 놓았던 그것이 그만 불쑥 나왔던 거 같으오. 오직 나를 위해서…. 돈키호테의 혼이라

도 씌었는지 지금도 이해하기 힘들지만 그만큼 간절했고 절박해서 분별력을 잃었던 것 같으오.

그렇다면 심청이도 돈키호테같이 무모한 당신의 피를 받은 게 아니냐고 묻자 심학규 말이 조금 빨라진다.

- 멍청한 심학규라 욕해도 되지만, 무모한 청이라 욕하지 마오. 무모한 행동이야 날 닮아 그랬을지 모르나 장 승상 부인께서 삼백 석을 줄 터이니 약속을 물리라 했을 때 청이는 신의를 지키기 위해 그것을 마다하고 몸을 던졌으니, 어리석긴 하지만 이 못난 애비보다 뛰어난 자식이오. 나야 내 육신의 분노로 매달렸지만 청이는 다르지요. 청이는 지 애비를 위해 살신성인을 했으니 말이오. 이성보다는 열망과 갈구가 사람을 살아가게 하고 죽어가게도 하지 않소. 그때 결사적으로 발목을 잡지 못한 미련한 내 자신이 부끄럽지만 결과가 이리 되었으니 믿는 바를 위한 돈키호테 같은 행동들을 추억으로 바라봐야하지 않겠소.

가족의 죽음을 두 번이나 겪으면서 혹시 죽음을 생각해 본 적이 없는가라는 질문에 역시 가슴이 찔렸나 보다.

- '네가 살고 내가 죽으면' 차라리 나을 것이라 한 말이나, '너를 팔아 내 눈을 산들 그는 해서 무엇하랴', '네가 죽고 내 눈 뜨면'이란 말은 지금 해도 가슴이 아린다오. 자식을 팔아 어찌 눈을 뜨고 살아가길 원하겠소. 허나 내가 죽은들 청이의 죽음이 헛되긴 마찬가지니 나는 자식을 죽인 애비로서 죄 값을

치루어야 했던 거요.

　그럼 그 얘기는 그만 하고, 결과적으로는 '여복이 많은 거 같은데요'라고 하자 심학규 부정을 못하고 술을 입에 턴다.

　- 나는 세 여자를 만나 부부의 연을 맺었으니 불행이라면 불행이나 내 신세를 보면 불행 중 복이오. 맹인이지만 미색과 현철을 갖춘 곽씨 부인을 얻었고 못된 마누라 뺑덕어미 또한 내가 속긴 했어도 고통 받지 않았으니 과분했소. 세 번째 복술을 배운 이십오 살 된 여맹인 또한 배필로 점지되어 내가 눈 뜬 후 돌볼 부인이 되었으니 여복 많음이 오히려 부끄럽소이다.

　앞으로의 삶은 어떻게 살아갈 것이냐는 질문에 심학규 두리번거린다.

　- 나는 완벽한 행복을 얻었소. 부와 명예와 부인과 딸과 사위, 그리고 모든 걸 볼 수 있는 절망의 눈과 희망의 눈이 있소. 이 모든 것은 나를 위해 존재한 수많은 연緣으로 이루어진 것이니 나 아닌 다른 존재를 위해 살아야겠지요. 눈조리개로 세상의 빛을 조절하여 바라보듯 나 이제 마음을 맹인의 조리개로 겸손히 바라볼 각오요.

　나는 조리개란 것이 마음대로 되는 것일까 하는 의아심을 품으면서 연회장 문을 나섰다.

　인터뷰를 끝내고 나오는데 심학규가 소매를 잡는다.

　'그런데 아까부터 묻고 싶었던 것인데 그대의 눈 위에 걸치고 있는 것이 무엇이오' 라며 눈 위에 걸친 안경을 보고 묻는다.

- 아, 이것 또한 눈입니다. 거리나 크기만 조절해서 보는 눈입니다. 깊이를 보는 눈은 마음에 있지요. 이제 나는 책을 덮으면 이것을 빼 놓고 마음으로만 보는 시간을 갖습니다.

다시 연회가 계속되는 소리를 뒤로 하며 심청전을 덮었다. 순간 나도 진짜 묻고 싶은 걸 깜빡했음을 알았다.

어둠 속에서도 돗수 높은 안경이 있지 않았느냐고.

연암골 가는 길

 "어떤 책은, 그 책에 손을 대자마자, 갑자기 혈맥이 이어지며, 아 이거 내가 뭘 하느라, 이런 책에 늦게 접하게 됐는지, 뭔지 많이 손해 본 느낌이 있는데, 말이지, 반해……."
 박상륭의 「평심」 한 구절을 인용해 본다. 이 글에서도 혈맥이 이어지는 짜릿함이 느껴지는 것은, 실제로 그런 책을 대했을 때의 희열을 잘 표현해주고 있어서다. 뜨거워지고 빨라지는 혈맥에서 짜릿함을 느낄 때, 고개라도 잘못 돌려 그 희열을 날려 버릴까 봐 꼼짝 못하고 앉아있던 경험이 있다.
 박지원의 '일야구도하기'를 읽으면서 그런 느낌에 다시 빠졌다. 수필의 대선배가 그 곳에 계셨구나 싶어 연암골로 떠나기로 하여 만난 책, 「과정록」이다. 감나무 잎에 글을 써서 항아리에 모았다는 고사처럼, 박지원의 아들 박종채가 아버지의 언

행과 가르침을 적고, 조각글을 모아 4년 간 기록한 책이니 나에겐 더없는 안내자다.

연암골로 가는 길목에서 한 편의 편지를 썼다.

박지원 선생님께

세월의 물길을 거슬러 오르다가 바위에 부딪혀 방향감각을 잃어버릴 먼 길이지만, 만나고자 하는 강한 욕망으로 찾아갑니다. 몇 백 년의 벽이 아무리 두껍다 해도 수필로써 흐르는 문자의 전율을 느낍니다.

선생님의 소문은 자자했습니다.

소문만으로도 일반적인 상식을 알 수 있고, 명함에 붙은 몇 글자로도 단답형 시험은 답할 수 있다고 생각했습니다. 과정록을 읽고야 선생님의 '인격'을 읽었습니다. 후세 사람들은 영국에 셰익스피어, 독일엔 괴테 그리고 중국엔 소동파가 있고 우리나라에는 선생님이 있다고 했습니다. 「열하일기」 중에 있는 '一夜九渡河記(일야구도하기)'의 뛰어난 문학성은 모르는 자가 없고, 독특한 해학과 풍자로 쓰신 소설류는 오늘에 이르러 연일 공연하는 마당놀이의 극본이 되니, 글의 선각자임을 느낍니다.

선생님이 살고 있는 연암골, 개성에서도 30리 길을 걸어 두메산골을 찾아갑니다. 호를 연암이라 짓고 들어가 사신 것을 보면 풍광이 뛰어나리라 생각되어 보고 싶은 욕심도 있었지만,

직접적인 이유는 딴 데 있습니다.

　며칠 전 연주회에 갔습니다. 그런데 왜 몇 백 년 전 선생님이 떠올랐는지 모릅니다.

　시간이 지날수록 잔상처럼 따라다니는 것은 배꼽이었습니다. 연주자는 바네사 메이라는 젊은 바이올리니스트인데 의상이 아름다웠습니다. 아름답다기보다 심상치 않았다고 해야 솔직합니다. 허리띠는 허리를 묶어야 하는데도 엉덩이에 걸쳐서 배꼽 아래의 양쪽 골반과 엉덩이의 습곡이 하얗게 드러났습니다. 윗도리는 속옷처럼 가슴만 아슬아슬하게 가리고, 바이올린을 어깨에 얹고 연주하는 모습은 충격적이면서도 짜릿한 매력이 흘렀습니다. 클래식 바이올린 연주자가 테크노를 혼합해 전 세계 젊은이들을 흥분시키더니 거기에 걸맞게 섹스 어필한 의상으로 장르를 송두리째 파괴한 이단아로 나타난 것입니다. '스톰'이라는 앨범에서는 디스코, 재즈, 플라맹고를 혼합시켜 테크노 어쿠스틱 퓨전 음악을 내놓고, 비발디의 '사계'를 편곡하여 새로운 음악의 기회를 주었습니다. 그 날은 보컬까지 구성하여 노래도 불렀습니다.

　파격적인 의상 때문에 음악 감상을 잘 못했는지 파격적인 연주 형식 때문에 의상에도 관심이 갔는지, 귀로는 음악에 홀려 있는 듯했지만 눈은 몸놀림을 쫓아 다니느라 힘들었습니다. 엉덩이의 바지가 흘러내릴 것만 같아 그걸 제 시선으로 붙들어 주어야 했습니다. 표정은 얼마나 매력적인지 눈까지 맞추려고 노력했습니다. 피 끓는 젊은이가 클래식에 견디다 못해 드럼과 전자기타의 강한 비트에 맞춰 자신만의 음악을 창신創新한 것입니다. 연출된 몸매는 훌륭한 무대장치였습니다.

그런데 말입니다. 그때는 음악이 좋아서 흥분 속에 앉아 있었다고 생각했는데, 시간이 지날수록 의상과 배꼽, 웃음이 더 매력적이었다고 기억에 남는 겁니다.

아, 나는 이제야 그 이치를 알았다. 마음을 차분히 다스리는 사람의 귀와 눈이 그에게 장애가 되지 않으나, 귀와 눈만 믿는 사람은 보고 듣는 것이 자세하면 자세할수록 더욱 더 병이 되는 것이다. — 중략 — 소리와 빛은 모두 외물이다.

이 글귀를 염두에 두었기 때문에 감상에 혼돈이 왔나 했습니다. 외물 때문에 진정으로 기울여야할 음악을 소홀히 감상했다는 의심이 들었습니다만, 나중에서야 이 글귀와 바네사 메이가 추구하는 음악이 다르다는 것을 깨달았습니다. 선생님의 소설이 앞서 갔던 것처럼 말입니다. 바네사 메이는 노래뿐 아니라 연주, 작곡, 그리고 섹시한 의상과 무대 매너까지 하나의 음악 속에 포함시킨 것입니다. 선생님의 소설이 지금에 와서 보고 듣고 함께 어우러지는 마당극이 되어 가듯이 말입니다.

이 시대엔 어느 것이 어느 것을 방해한다든지 본질이 어디에 있다든지 하는 의미가 많이 퇴색한 것 같습니다. 강물 소리가 듣는 사람에 따라 다르듯, 어느 한쪽으로만 들어야 잘 들은 것이라고 규정지을 수 없으니 연주자의 배꼽을 따라 바이올린

소리를 들었다 해도 그 감동을 잊을 수가 없습니다.

관념화된 장르를 깨고 새로운 시도를 선보였다는 사실에 저는 무조건 박수치기로 했습니다. 과정록에서 엿볼 수 있는 선생님의 문학관과 경제원리와 실학사상, 샤머니즘을 해석하는 새로운 시각과 권력에 휩쓸리지 않는 초연한 모습, 그리고 사고의 차이에 대한 배려를 존경하지 않을 수 없습니다.

연암골에 도착하면, 선생님께서 하신 말씀 '옛 것을 본뜨는 사람은 겉모습과 형식에 구애됨이 병폐요, 창신創新하는 자는 법도가 없음이 폐단이다'에 대하여 더 얘기 나누고 싶습니다. 까마득한 후배 수필가를 무안치 않게 대해 주시기를 바랍니다. 안녕히 계십시오.

감호소에서 살다

#발단 '데드맨 워킹'을 보다

'우리는 사형수다'라는 제목 아래 이탈리아의 1급 사형수의 사진과 '사형선고'라는 문구가 적힌 광고가 있다. 이 자극적인 광고로 베네통 회사는 재미를 톡톡히 보았고 베네통 모델 사형수는 열애에 빠졌다고 언론에서 보도한다. 상업적 각인을 위하여 잔인한 살인자를 모델로 써야 하며, 필요 이상의 관심과 호감으로 선악의 대가에 혼란을 주는 일은, 잡힐 듯한 진실을 물너울과 굴절이 방해하는 것과 같다. 착실하지만 어려운 사람에게 봉사와 경제적 도움으로 힘을 북돋아 주고 사랑을 나누어도 좋은 세상인데 말이다. 처음엔 이 생각이 나를 악다구니로 옭아맨다.

영화 '데드맨 워킹' 속 주인공의 강렬한 눈빛이 심장을 관통한다. 강간, 살인, 도주, 뻔뻔한 부인, 비열한 허세, 음산한 배경 음악. 한동안 악몽 같은 화면이 되살아 나고 수잔 서랜드가 열연한 수녀의 지고지선에 강한 반발이 요동한다. 죄수에게 친절을 베풀어 자신이 죄인임을 인정하게 하고, 회개의 눈물을 흘리는 순간이 그토록 보고 싶은 것일까. 나에게도 분노를 갖고 있음이다. 분노가 죄의 동기가 된다는 것을 안다. 나를 옭아매던 분노가 서서히 풀리면서 그것은 사랑을 알게 하기 위한 인간에 대한 사랑이란 것을 이해하게 된다.

죄를 부인하고 삶을 빈정대던 주인공은 마지막 사형대에 누워, 사랑이 얼마나 따뜻한 것인가를 느끼며 수녀의 작은 속삭임에 젖은 눈을 감는다.

"사랑을 느껴 보세요, 그리고 마지막으로 그 감정을 갖고 가세요."

#전개 감호소에 가다

주위에 존경할 만한 사람이 생겨서 자못 행복감이 나를 부드럽게 한다. 그 분은 일주일에 한 번씩 교도소와 감호소에 필요한 물품과 먹을 것을 넣어 주는가 하면 재소자들에게 설교도 한다. 같이 봉사해 보자는 권유에 선뜻 응답을 못한 이유는,

좋은 일과 좋은 사람들을 돕는 일에도 준비가 안 된 덜 익은 내가 재소자에게서 느끼는 무거운 부담감을 감내하지 못할 것 같아서다. 심지어는 친절을 베풀었다가 나중에라도 험한 일을 당하면 어떻게 될까 하는 연약한 마음까지 없는 것도 아니다. 몇 번을 거절하다가 기회가 가볍게 왔다. 차가 못 가게 됐으니 수원까지 차량 봉사만 해 달라는 요청이다. 나도 무언가를 할 수 있구나 하는 흐뭇함과, 난생 처음 파란 죄수복을 입은 사람들과 만난다는 두려움과, 감호소를 경험하는 좋은 기회라는 개인적인 호기심이 들뜨게 한다.

'데드맨 워킹'의 이미지가 오버랩 된 것은 잠깐이다.

목덜미를 서늘하게 잡는 철문 닫히는 소리와, 건물 가운데 하늘이 뚫린 마당의 갇힌 자유를 걸어 좁은 복도를 따라 들어가기를 몇 번, 방향감각을 잃고 따라가는데 복도로 찬양소리가 흘러나온다. 음성이 젊고 맑다. 긴장돼 오그라진 심장을 파고드는 맑은 찬송가 소리가 야릇한 고통을 동반한다. 같은 인간이구나. 아니 더 많은 시간을 회개하고 있구나, 노출된 죄로 인하여.

노출된 죄와 노출되지 않은 죄가 많은 자.

노출된 죄는 없으나 노출되지 않은 죄가 많은 자.

노출된 죄는 있지만 노출되지 않은 죄가 별로 없는 자.

노출된 죄와 노출되지 않은 죄가 적은 자.

하얀 고무신과 푸른 죄수복이 보인다고만 생각할 뿐, 나는 얼굴을 들어 바라다 볼 수가 없었다. 감은 눈 속으로 들어온 잔영은 굽 높은 구두와 유행 따라 입은 옷을 부끄럽게 했다. 시멘트 바닥에 밀착된 고무신에서 불안과 허세 그리고 위선을 벗은 하얀 눈물이, 푸른 색의 죄수복에서 푸른 하늘이 보였다. 존경하던 분의 설교는 나와 죄수복을 입은 여인들을 감동시키고 있었다.

나는 무슨 교만으로 여기에 앉아 있는 것일까.

#절정 죄를 짓다

쇼펜하우어는 '흔히 사람들은 돈을 빌려 주지 않는 것 때문에 친구를 잃고, 돈을 빌려 준 것 때문에 친구를 잃는다'고 했다.

존경하던 분이 집으로 찾아와서 감호소에 함께 동행해준 것에 대한 고마움을 표시하고 간곡한 부탁을 했다. 내일 당장 갚을 수 있는 돈인데 남편에게서 자존심 상하는 잔소리가 듣기 싫어서 그러니 하루만 돈을 빌려 달란다. 돈 거래를 안 하고 살 수만 있다면 좋겠지만 얘기를 듣고 보니 너무 경계할 일만도 아니다

그 후, 그녀는 돈을 갚겠다는 약속을 수없이 반복했고 나는 그녀의 거짓말에 분노하기를 반복했다. 잘못된 믿음의 배설물에서 악취가 풍기면 코를 막고 뒤돌아 서면 그만일 것을, 귀와

눈으로 끊임없이 상상의 악취에 젖어 있었다. 차라리 기억 속에서 응고돼 버리든지 연소되어 증발해 버리기를 바랬고, 태무심한 척도 해 보았다.

돈이 아깝다는 생각보다는 사람에 대한 나의 어리석은 믿음과 그녀의 종교적 믿음에 대한 배신감에 나는 시간이 날 때마다 독해지고 싶었다. 종교로 위선한 인간의 행동을 미워하기 시작했지만, 모진 갈등 끝에 순응한 말은 죄를 미워해야지 사람을 미워하지 말라는 말이다. 피해를 준 자는 몇 번의 죄를 짓겠지만, 피해를 당한 자는 수없이 죄를 짓기 쉽다. 분노는 여유의 틈새로 들어와 죄를 지라며 종용하여, 반추하며 나를 소모시킨다.

#결말 감호소에서 살다

사람을 절대로 믿지 말라는 말을 배웠지만, 익히며 명심하고 싶지 않다. 한 가지 상처로 무언가를 굳게 결심할 만큼 세상이 꼭 그런 것만은 아니란 걸 안다. 피치 못할 사연과 분노로 죄를 짓는다 해도 인간은 양심 때문에 괴로워하며, 언젠가는 회개한다. 우리 모두는 죄가 노출되지 않았을 뿐이지 죄가 없는 자는 아니다. 죄가 노출된 자들이 감옥에 갇혀 그들의 죄를 회개한다면, 우리는 다만 노출되지 않은 죄로 자유로울 뿐이다.

감호소의 마당에서 뻥 뚫린 하늘을 볼 수 있다고 하나 갇혀 있는 것과 같이, 우리 모두는 갇혀 있다. 그들이 감호소에 머물다 죄의 무게에 따라 형이 정해지고 물리적인 죄의 대가를 치르지만, 우리 모두도 보이지 않는 감호소에 있다. 노출되지 않은 죄를 아무도 탓하지 않았을 뿐이다.
 우리는 감호소에서 살고 있다. 그리고 대기 중이다.

가라, 미진한 사랑이여

　너를 잃을지도 모른다는 희미한 예감이 있었다. 그러나 쓰나미처럼 덮친 너의 실종이 있은 뒤에야 살아난 기억이니 무심코 지나친 내가 원망스럽다.

　너는 컴퓨터 바탕화면에서 노란 폴더 치마를 입고 나와 같은 이름의 명패를 달고 있다. '양철북'에서 오스카의 할머니가 입었던 몇 겹의 '폭넓은 치마' 속에서처럼 다시 '미완'이라는 팻말 안에서 더 달콤한 수혈을 기다리며 있었다.

　달고 뜨거웠던 사랑의 피와 탁해져 엉긴 답답한 피와, 눈물처럼 심장에서 뚝뚝 떨어진 피와, 뼈를 녹이는 듯한 아픈 피들로 나에게서 진을 빼고 나온 존재였다. 그런 나의 글들이 없어진 것이다.

　네가 빠져나간 나의 혈관엔 새로운 피가 생성되어 이미 그

전의 내가 아니니 다시는 너를 복제할 수도 없다. 벌써 기억속에서는 너를 사랑했다는 기억만 있을 뿐 그때의 감정이 흐릿하다. 가슴이 벌컥거리고 다리가 후들거린다. 이방 저방 문을 열어 확인했지만 어디에도 없다. 혹여 실수로라도 버렸을지 모른다는 생각에 내 정신의 자만을 뭉개버리고 휴지통을 뒤졌다.

괜한 노동의 반복이고 시간만 흘러갔다.

휴지통을 들여다보니 의미가 없어져 버림받은 것들이 아직 생명을 잃지 않은 채 멀뚱멀뚱 나를 바라보고 있다. 마치 바자회에 내다버린 물건들이 아무에게도 선택되지 못하여 자꾸만 지나가는 나를 민망하게 하는 것 같았다.

이젠 어디로 가봐야 하나. 아무리 검색을 해도 너의 행방을 알 수가 없다. 너도 모르고 나도 모르는 곳으로 흘러 들어가 나를 찾고 있는가. 탐지기도 통하지 않는 어느 깊은 지하 동굴에 있단 말인가.

너의 행동이 이해되지 않았다. 이제 사설 탐정을 동원하는 수밖에 없다.

드르르륵 줄을 치고 그물망을 깔고 지문이나 발자국들을 찾으려 했으나 수사는 미궁에 빠져 버렸다. 검색도 안 되고 휴지통에도 없고 어떤 그물망에도 걸리지 않으니 아예 흔적조차 남기지 않았단 말인가.

사설탐정도 절망적인 말만 하고 철수했고 나만 가슴을 쳐대고 있었다. 아무에게도 네가 중요하진 않았다. 너는 출생신고

조차 되지 않고 인큐베이터에만 갇혀있어 내 가슴만 아리게 했던 존재였으니 말이다.

　무엇이 싫었단 말이냐. 무엇이 너로 하여금 떠나게 했단 말이냐. 이제 너에게 했던 나의 행적을 더듬어 보아야 한다. 너에 대한 원망의 강도를 덜어내고 '내 잘못이야를 인정함으로써 결별을 받아들이고 너와 비슷한 또 다른 너를 가꿔야 되지 않겠는가 말이다.

　'운다고 옛사랑이 오리요마는~'이라는 옛 가요가 자꾸만 입술을 간질이는 비극적이고도 희극적인 상황에 나도 놀라웁다. 참았던 눈물이 나오면서 한번도 불러 본 적이 없는 내 어머니의 18번을 불러보니 청승맞다. 나는 지금 이별을 하고 있는 중이다. 너를 원망하고 나를 자책하는 단계로 진입하여 이별의 정리 수순을 밟고 있는 것이다.

　솔직히 더 이상 너를 찾지 않음은, 일말의 두려움이 있기 때문이다. 요란한 수단으로 너를 찾아 냈을 때, 이제까지의 집착과 사랑이 겨우 내 눈에 씌운 콩깍지 사랑이었음을 확인하는 데서 오는 허무와 실망이 두려워서다.

　고백하면 나에게 잘못이 많다. 너의 방을 자주 열고 드나들며 진실과 품위를 지키게 하고 매력과 실력을 강요해야 했다. 그래서 네가 방문을 열고 미완의 딱지를 벗고 나올 적마다 누구에게든 마음이 동하고 기쁘고 기억에 남게 하여야 옳았다. 너를 데리고 나가기도, 너를 보여주기도, 너희를 키우고 있다는 것도 떳떳하지 못했다. 예민한 네가 그걸 모르겠는가 말이다.

땅굴을 파고 나가려는 수인囚人들의 계획처럼 너도 죽을힘을 다해 기회를 포착해서 포맷의 크레인을 끌어당겼는지 모른다. 그리고 내 손의 실수로 날려버리려 했던 너의 계획이 맞아떨어졌는지도 모른다. 이제 너는 존재조차도 없다. 그러나 모든 물질의 엔트로피 법칙을 믿는 나는 두렵고도 후련하다. 너는 어딘가 아주 미세한 먼지로라도 있을 것이다. 내 기억 언저리에서 아슴푸레 있을 것이다.

잘 가라 나의 글들이여, 미진한 사랑이여.

내가 너를 부끄럽게 여겼던 것처럼 너희도 나를 부끄럽게 여겨라. 그리고 언젠가 몰라보는 모습으로 다시 만나자. 가슴에 남은 애정의 불씨가 산소를 필요로 할 때 우연히 만난 것처럼 그렇게 만날 수도 있으리라. 어느 날 우연히 내 어깨에 앉은 새처럼.

귀지 파는 법
수필을 써
뚜껑
커졌다 작아지다
그랬을 터인데
살아나는 것
당연한 등을 보며
기다리면 끓었다
알지만 모르는 이름

귀지 파는 법

 실 핀보다 조금 큰 귀이개를 잘 모셔둔다. 일요일 낮, 배가 부르고 슬슬 잠이 올 때 귀를 파달라고 하기 위해서다. 손길에 따라선 고통을 줄 수도 있지만 잘만 하면 '행복하다' '시원하다'는 말을 감탄사처럼 내뱉게 하는 도구다.
 우리 집에서 다른 사람의 귀지를 파낼 수 있는 사람은 나와 손이 큰 사람, 두 사람뿐인데 성격 탓인지 서로 방법이 다르다. 그는 어찌나 귓속을 부드럽고도 시원하게 후비는지 내 얼굴과 팔다리에 붙어있던 힘을 귀 밖으로 술술 풀려나가게 한다.
 나에게도 가끔 딸아이가 귀지를 파달라고 할 때가 있다. 나는 준비를 한다. 밝은 쪽으로 누우라 하고, 베개로 높이를 조절하고, 나에게 잘 보이도록 딸아이의 고개를 돌려놓고, 머리카락은 뒤로 잘 넘기고, 귓불을 있는 대로 잡아 늘인다. 최상의 조건을 만들어 놓고 확실하게 귓속을 들여다보며 귀지를 파내기 위함이다.

귀지가 보이면 그것을 파내기 위해 계속 공략하고 그러다 안 되면 더욱 깊이 들어가 긁어댄다. 딸아이가 어느 순간 "아, 아파" 하고 얼굴을 찡그리거나 소스라치게 짧은 비명을 지르면 나도 놀라 "그만하자, 귀지가 별로 없어 재미없다" 하고는 밀쳐내 버린다. 그러면 거기서 끝이 나거나 "그래도 더 해줘" 하면서 딸아이가 고통 반 시원함 반을 견뎌내기로 하면 그제야 내 욕심을 버리고 조심스러워진다.

어느 날, 그에게 또 귀를 부탁한다며 누워 간질간질한 행복감에 스르르 눈을 감고 있었다. 그러다 이만하면 한쪽 귀가 실컷 호강했다 싶어 햇살이 비치는 쪽으로 고개를 돌리려고 방향을 바꿔 누우니 상관없다고 한다.

"어두워서 안 보이잖아."

"사실은 안 보고 그냥 하는 거야."

"그런데 어떻게 그렇게 아프지도 않고 시원하게 하는데?"

"당신 얼굴 표정만 보고 해. 찡그리는 것 같으면 얼른 그만하고 가만 있으면 계속하고."

그는 귀지를 파려고 한 게 아니고 시원하게 해주려 했던 것이다. 나는 귀지를 깔끔이 없애 버리고 싶었던 것이 목적이었고 그는 처음부터 귀지를 긁어내겠다는 생각이 없었기에 귓속을 보지도 않고 살살 긁어댔던 것이다. 그 뒤로 나는 그에게

귀를 맡길 때마다 "참 좋은 지혜로다" 하고 누워 있다.

 어떤 일을 할 때, 그것이 상대를 위한 것이라면 내게 보이는 귀지보다는 상대방의 행복감에 주시할 일이다. 내게 보이는 귀지를 파려고 상대방을 아프게, 놀라게 하지 말 일이다.

수필을 써

말하고 싶어서야.
왜 수필을 쓰냐고 물으면 그렇게 말해.
인생을 매일 시처럼 노래할 수는 없어. 맑고 진하고 강렬하게, 그리고 느낌표처럼 짧게 비명을 지를 수만은 없어. 언어를 누르고 조립해서 반투명한 껍질로 포장하면 매력적이지만 답답할 때가 있어, 그래서 수필을 써.
의문부호를 달고 긴 호흡을 내쉬며 들여다 볼 수 있는 긴 소설일 수만도 없어. 허구를 가장해 그토록 긴 이야기를 해야 한다면 때론 답답해. 생활이 가르치는 대로 입술을 그만큼 달싹거려 발설하고 싶을 때, 수필을 써.
시의 언어가 왁스를 먹인 것처럼 번들거려 보일 때, 삽으로 퍼낸 구덩이의 흙이나, 풀어 논 이삿짐처럼 실제보다 더 심란

하게 소설이 느껴질 때, 수필을 써.

　인생은 시처럼 아슴푸레하여 보이지 않는 실크 속 상처 같기도 하고, 소설처럼 서리서리 긴 이야기 다 듣고 나면 뼛속까지 깊어지는 속절없는 사랑 같지만, 그저 내 가슴 몇 마디 마른 꽃잎으로 눌러 놓고 싶을 때, 수필을 써.

　짧은 시를 쓰는 바쇼는 그랬어. "모습은 먼저 보이고 마음은 감추라." 맞는 말이지만 때론 마음을 듣고 싶을 때가 있지.

　말을 너무 아끼면 확인 되지 않은 의미에 안달이 나고 너무 많으면 다 듣지 않아. 사는 게 오해 투성이라 가끔 마음을 열어 주는 따스한 방이 필요하다고 생각할 때, 수필을 써.

　별스런 호들갑 없이, 화려한 의상도 춤사위도 없이 담담하게 노래해. 그런데도 잘 보면 은근한 맛이 있어. 포만감이 있을 땐 별 맛이 안 느껴지기도 해. 그냥 퍽퍽해.

　약간 시장기를 느낄 때 먹으면 많이 고소하지. 은근히 퍼지는 맛을 느끼려면 속도와 양을 지켜주어야 해. 쉽게 질리기 때문이야. 지나치게 심각하지도 가볍지도 않게, 멋진 여유를 주지.

　그래서 수필을 써.

뚜껑

눈을 뜨면 뚜껑을 연다.

물 뚜껑과 약 뚜껑을 열고, 밥솥 뚜껑과 반찬 뚜껑을 열어 하루와 어울릴 준비를 한다. 몸에는 뚜껑이 없지만 언제라도 열리고 닫히는 자동문이 있다. 예민한 신경이 센서장치라 마음이 서성이는 것은 금물이다. 힘으로 여는 뚜껑이 아니라 힘을 빼고 부드러워져야 열린다.

화장대에 앉아 화장품의 뚜껑을 순서대로 연다. 얼굴에 힘을 얻고 눈빛에 힘을 얻고 입술에 힘을 얻고 나면 마음에도 힘이 생긴다. 뚜껑을 가지런히 닫아 놓는다.

길을 나선다. 보여주고 봐야할 것을 위해 기꺼이, 정성스럽게, 때로는 어렵사리 뚜껑을 연다. 뚜껑이란 언제나 헐렁하지 않다. 겨드랑이에 땀이 고이고 손목이 비틀어지는 과한 힘을 주어서라도, 어금니를 악물어 힘을 보태서라도 뚜껑을 연다. 고집 센 뚜껑도 반복의 힘을 보태면 열린다.

 알고 보면 열리기 위해 기다린 것뿐, 몇 번의 손길을 원한 뚜껑들이다.

 오감과 이성을 다독이며 간직해 둔 뚜껑을 다시 닫는다. 뚜껑을 닫아야 하는 이유가 있다. 흐르기 쉬운, 없어지기 쉬운 것들에 대한 마무리다.

 잠자리에 누우면 나는 슬그머니 기억 속에서 여러 뚜껑을 열어 보고 닫는다. 그리고 비몽사몽 중 알약을 하나 먹는 것 같다. '내일을 위한'이라는 그 약도 뚜껑이 있는 것 같은데, 나는 잘 닫힌 뚜껑 채로 삼키는 것 같다.

 내일 열어야 할 뚜껑을 위해…, 손목에 흐르는 전율을 위해….

커졌다 작아지다

 조그만 공간에 들어가 있으면 좋았다. 어머니 자궁 안에서 그 취향이 굳어졌는지 꼬맹이 때는 작은 공간 안에서 실컷 놀았다. 다락이나 옷장 안, 이불 속, 벽돌 공장에서의 벽돌로 둘러싸인 작은 공간, 책상 아래, 마루 밑…. 그러다 세상이 크다는 것을 알게 되었다.

 작은 것이 답답해졌다. 방도 컸으면, 거실도 컸으면, 차도 컸으면, 자식도 컸으면, 남편도 컸으면, 눈도 코도 입도 컸으면…. 나에 대한 관심도 컸으면…, 하다가 세상은 가짜로 큰 것들이 많음을 또 알았다. 마이크, 확대경, 빛, 허풍, 욕심, 인기, 거품, 가짜 거울….

 겨우 깨달을 즈음 큰 세상은 줄어들고 동네, 방, 병실, 그리고 한 평 땅, 그것도 크다고 줄인다. 작은 항아리. 자궁 안 그만큼 공간.

그랬을 터인데

 초원은 아름다웠지만 가까이 보니 척박했다. 간신히 짧은 풀들이 올라왔고 흙들은 푸슬푸슬 뭉쳐지질 않았다. 그래도 양들에겐 평온하고 기름진 땅이다. 양들은 순해서 아무 일 없이도 심심해하지 않았고 갈등도 없이 순종하는 것 같았다.
 초원에서 한 남자가 햇살을 뚫고 양을 안고 왔다. 양은 소리도 없이 눕혀지고 소리도 없이 목숨이 없어졌다. 초원이 여전히 조용하듯, 양도 살아있음이나 주검이나 한가지로 조용했다.
 목에 뭉친 어떤 단음도 뱉을 수가 없었다. 양의 심장이 멎고 조용히 고기가 되는 과정을 눈앞에서 보며 내 심장은 놀랐고 나는 숨을 죽였다.
 고기를 마련하는 사람과 먹는 사람, 방금 죽은 양과 지금 먹는 양이 다르지 않음을 태연하게 인정해야 했다.

음식이 되어 식탁에 올라왔을 때 놀람을 삼킨 마음은 이미 체해 있었다. 그것은 나에게 고기가 되지 못했고 좀 전의 죽은 양이었고 좀 전에 살아있던 양이었다.

사람들은 칼과 포크 소리에 너스레를 섞었고, 슬그머니 밀쳐내기도 했고, 끝까지 먹기도 했다.

초원에 누워 별들을 보았다. 초원과 별빛이 나에게 아름다울 수 있기까지 먼 시공이 있었듯, 나에게 기쁨을 준 모든 완성품들도 그랬을 터인데….

그랬을 터이다.

나에게 온 모든 것들이.

살아나는 것

 벗어놓은 양말을 본다. 하루를 맺는 습성의 시간, 벗겨지는 양말은 한 손으로 밀어내기에 충분토록 헐겁다. 아침엔 두 손으로 끌어당겼던 **빳빳한** 양말이다.
 발도 하루를 살았고 양말도 그랬다. 살갗을 미끄러져 나온 양말은 죽은 세포처럼 방바닥에 떨어져 남은 숨 열린 발목으로 내뱉고 누웠다. 양말은 발과 한 겹의 체온으로 살았으나 두 겹의 체온으로 갈라서면서 미온마저 버리고 방향 없이 누워 하루를 잊고 죽는다. 발은 양말을 벗고 휴식하려 하지만 양말은 발을 벗고 죽는다. 그러나 양말은 한 스푼의 세제와 한 양동이의 물과 바람과 햇살로 다시 **빳빳해지고** 또 체온을 입기 위해 기다린다. 기특하다.
 발은 밤새 무엇으로 다시 살아나서 **빳빳한** 양말을 다시 신는 걸까.

당연한 등을 보며

차곡차곡 앉는다.

앞 사람의 머리나 수군거리는 소리, 팝콘 냄새가 화면과 가슴으로 이어지는 엷은 통로로 스며들 때 외부와의 통신을 끊는다. 스크린만 허용하며 그 빛 안으로 들어가 최면에 걸리길 기다린다. 어둠은 잡다한 현실을 먹고 빛은 화면에 상상 속 현실을 토해놓는다. 나란히 앉은 사람들과 인사도 없이 그 세상 속으로 들어간다. 잠입은 유령처럼 쉽다. 모르는 사람들도 비슷한 목적으로 모여든 것이다. 어느 순간 내 몸은 의자 속에 없고 목적 속에 있다. 품고 온 쾌감으로, 알 수 없는 세상에서 알 수 있는 것을 품어 가고, 알 수 있는 세상으로 알 수 없는 흔들림을 갖고 간다.

영화가 끝나면 야구연습실에서 튕겨 나온 야구공처럼 사람들도 조그만 자리에서 툭 떨어져 나간다. 앞만 보고 걸어가 열려 있는 문으로 밀려 나간다. 건물 통로를 지나는 동안 두 시간여 함께 본 영화에 대해 침묵한다.

  화장실에도 그렇다. 방금 나온 관객들로 가득하지만 같은 시공간을 헤매다 온 마음을 드러낼 수 없어 무표정이다.

  엘리베이터를 탄다. 영화관에서 나온 사람들로 가득하여 번잡하지만 고요한 시간이다. 화장실 변기에 수없이 많은 사람들이 엉덩이의 체온을 얹고 갔지만 예민할 수 없는 것처럼 모르는 사람과의 무표정을 불편해 할 수도 없다.

  엘리베이터에서 빠져 나온 사람들이 횡단보도 앞에서 햇살을 받고 서 있었고 신호등이 몇 번 움직이자 제각각 방향을 달리하며 걷기 시작했다. 그리고는 순식간에 사라져 버렸다. 흩어지기 위해 모인 무리인가 보다. 모이기 위해 어디론가 다시 흩어지는 사람의 무리인가 보다.

  그런데 나는 왜 이유 없이 허해지는 걸까. 한 곳만 바라보다가 한꺼번에 흩어져 사라지는 사람들의 당연한 등을 보며….

  우리는 하루에도 몇 번씩 이 극장의 무리 속에서 나와 뜨거운 햇살 속으로 흩어진다.

기다리면 끓었다

 개인의 삶이 오랜 동안 수긍해온 느낌. 그것도 명언이 될 수 있다. '된장찌개는 뚝배기에'.
 된장찌개를 좋아한 건 살림을 시작한 지 10년이 넘어서다. 뚝배기를 사들이고는 내 나름의 투박한 쾌락을 맛보리라는 기대에 즐거웠다. 현장감과 의욕이 넘치는 식사, 가스렌지 위에서 끓던 뚝배기 속의 된장찌개가 식탁 위에서도 작은 용암처럼 퐁퐁 솟아오르면 수저를 든 내 식욕은 흥분하곤 했다. 식욕을 바쁘게 하는 저 꿈틀거림의 매력 때문에 뚝배기를 좋아했다.
 그런데 다시 10년이 지나 이사를 하며 불꽃이 활활 오르던 가스렌지를 버리고 건강에 좋다는 전기렌지로 바꾸었다. 반들반들한 상판의 단면은, 정말이지 렌지바닥에 찰싹 달라붙어 일심동체가 되는 연인 같은 냄비라야 했다. 열 손실이 없어 빨리 끓고, 깔끔하고, 가스 냄새 안 맡아도 되고… 만족도가 높았지만 문제가 생겼다.

 된장찌개를 끓일 때마다 내 속이 끓었다. 스텐 냄비 안의 된장찌개가 식탁으로 올라가면 맛이 없었다. 남아있는 냄비바닥의 열 때문에 잠시 보글대도 그리 예뻐 보이지가 않았다. 된장 냄새가 안 나고 쇠 냄새가 나는 것 같았다. 용암의 작은 분출 같은 생명이 느껴지지 않았다. 뚝배기는 내 식욕을 소박하고 솔직하게 부추겼는데 스텐 냄비는 너무 논리적인 예법으로 가라앉게 했다.

 오래 걸리면 어떠랴. 뚝배기를 다시 사용했다. 바닥이 열선에 닿기는커녕 고리모양으로 살짝 튀어나온 작은 부분만이 렌지 바닥에 닿았다. 그래도 기다리리라. 기다리면 끓었다. 고리모양의 선을 따라 서서히 열이 전달되고 드디어 뚝배기의 밑이 달구어지면 그때부터는 열심히 끓었다.

 그래 바로 이거다. 기다리다 끓는 뚝배기 된장 맛, 오늘 식탁에서도 퐁퐁 끓는다. 마음이 뛰고 눈이 흥분한다. 역시 된장찌개는 뚝배기에, 명언이다.

알지만, 모르는 이름

 호칭 없는 여행을 했다.
 남자 넷은 알고 있는 사이라 야, 야, 너, 너, 했지만 여자 넷은 초면이거나 더러 들은 얘기로 짐작해 본 사이어서 호칭이 없었다. 너스레를 끼울 친숙함이 없다보니 예의를 지키는 편이 나았다. 남자끼리 노는 동안 여자 넷도 놀아야 했다. 차를 몰고 섬으로 가기 위해 선착장 쪽으로 달렸다.
 '누구 엄마'라 부르려니 애 이름과 여자 얼굴을 잘 맞추어 기억해야 하고 여자이름을 알아내 '씨'를 붙이자니 출생년도를 알아내 조심해야 할 것 같고, '누구씨 와이프'라 부르려니 더 궁색한 호칭이라 말문이 떳떳하지 못했다.
 차안의 공기는 은근히 긴장하여 뭉쳐 보였다. 어쩌다 내뱉은 말은 대화로 살지 못하고 쪼르륵 낙하했다. 침묵에 대한 어설픈 간섭으로 끝났고 침묵은 잠시 꿈틀 몸을 풀려다가도 어색한지 연결동작에서 힘이 빠졌다.

배를 타고 섬으로 들어갔다. 한 줄로 섬의 능선을 타고 걸었다. 길을 오르는 사람들은 저마다 앞뒤로 동반자를 세우고, 모른다 해도 한 줄로 걸어가는 길이었다. 앞서거니 뒤서거니 다른 사람들과 섞이고 조금씩 자유로워졌을 때 우리 일행은 서로를 찾았다. 그곳에서 우리는, 이미 아는 사이였고 함께 움직여야할 사이였고 함께 돌아가야 할 사이였다.

바닷가에서 우리는 각자의 파도를 탔고, 찻집에서는 각자의 향을 맡았고, 돌아오는 갑판에서도 각자의 바람을 맞았다. 섬에서 돌아와서도 여전히 호칭 없이 밥을 권하고 차를 마시고 남편들 곁에 그림자처럼 앉아 대화나 농담을 들었다.

다음날 고운 인사를 하고 헤어졌다. "담에 또 봐요." 하며.

돌아와 나는 핸드폰에 찍힌 사진을 보며 결국, '누구씨 부인'이라고 명명하고 그 사진을 그녀들의 남편에게 전송했다.

알지만 모르는 '누구의 아내'라는 이름.

■ 작가연보

○ 1957년 충남 금산 출생
　　　　공무원인 아버지 권기온과 어머니 장옥이에서
　　　　1남 4녀 중 셋째 딸로 태어남
○ 1964년 대전 대홍초등학교 입학
○ 1970년 대전 대신초등학교 졸업
○ 1970-73년 대전여자중학교 입학, 졸업
○ 1973-76년 대전여자고등학교 입학, 졸업
○ 1976-80년 충남대학교 국어국문학과 입학, 졸업
○ 1980-83년 충남 논산 연무고등학교 국어과 교사로 재직
○ 1983.9년 조운윤과 결혼, 거제도서 생활
　　　　딸 둘을 낳음
○ 1987년 서울로 이사옴
○ 1999년 윤재천 선생님 만남
○ 2001년 현대수필 가을호에 〈감호소에 살다〉로 등단
○ 2003년 현대수필 편집위원으로 일함(~~현재)
　　　　〈갈아타는 곳에 서다〉 첫 수필집 출간
　　　　한국문인협회 회원 가입.
○ 2007년 〈속살을 보다〉 두 번째 수필집 출간
　　　　(2007 문화예술위원 우수문학도서 선정)

국제펜클럽 회원 가입.
○ 2010-2012년 분당수필문학회 회장 역임(2년)
○ 2012-2014년 현대수필문인회 회장 역임(2년)
○ 2011-2014년 현대수필에 '어원과 함께 읽는 에세이' 연재
○ 2014년 〈속아도 꿈결〉 세 번째 수필집 출간
　　　제10회 구름카페문학상 수상
　　　선집〈커졌다 작아지다〉 출간

현대수필가 100인선 II · 37
권현옥 수필선

귀지 파는 법

초판인쇄 | 2017년 10월 27일
초판발행 | 2017년 11월 01일

지은이 | 권현옥
펴낸이 | 서정환
펴낸곳 | 수필과비평·좋은수필사

주 소 | 서울시 종로구 삼일대로32길 36
         (익선동 30-6)운현신화타워 305호
전 화 | 02)3675-5635 063)275-4000
등 록 | 1984년 8월 17일 제28호
홈페이지 | http://www.shinapub.com
e-mail | essay321@hanmail.net
         | bestessay@hanmail.net

값 8,000원

ISBN 979-11-5933-126-8 04810
ISBN 979-11-85796-15-4 (세트) 04810

* 저자와 협의하여 인지는 생략합니다.
* 잘못된 책은 바꿔 드립니다.

이 도서의 국립중앙도서관 출판시도서목록(CIP)은 서지정보
유통지원시스템 홈페이지(http://seoji.nl.go.kr)와 국가자료
공동목록시스템(http://www.nl.go.kr/kolisnet)에서 이용하실
수 있습니다.(CIP제어번호:CIP2017028006)